© 2021, Editorial LIBSA
C/ Puerto de Navacerrada, 88
Polígono Industrial Las Nieves
28935 Móstoles (Madrid)
Tel.: (34) 91 657 25 80
e-mail: libsa@libsa.es
www.libsa.es

Ilustración: Susana Hoslet Barrios • Marina Ruiz Fernández
Imágenes: Archivo LIBSA, Shutterstock Images
Edición y maquetación: Equipo editorial LIBSA

ISBN: 978-84-662-4124-3

# Contenido

# Antes de empezar...

**L**a plastilina es un material superdivertido para realizar todo tipo de figuras que puedas imaginar. Como es completamente moldeable y no se endurece, te permitirá hacer y deshacer los pasos las veces que haga falta hasta conseguir el resultado que deseas.

## ¿Qué materiales necesitas?

Para trabajar la plastilina no necesitas muchos materiales:

- Barras de plastilina de varios colores.

- Una superficie lisa donde trabajar. La plastilina es genial, porque no mancha ni se queda pegada en las superficies.

- Palillos de dientes (te explicaremos más adelante para qué los necesitas, pero eso sí, debes manipularlos con cuidado para no pincharte con ellos).

Si no tienes plastilina de colores muy variados, puedes mezclarlas para obtener más colores. Las mezclas más habituales son:

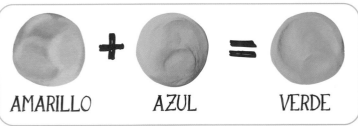

AMARILLO + AZUL = VERDE

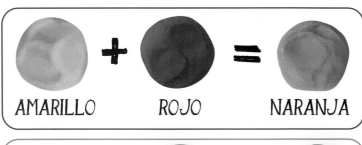

AMARILLO + ROJO = NARANJA

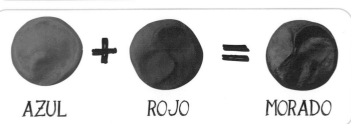

AZUL + ROJO = MORADO

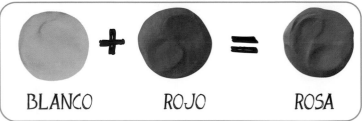

BLANCO + ROJO = ROSA

Si necesitas un color café, mezcla amarillo + un poco de rojo + un poquito de azul. Y si lo que quieres es conseguir colores claros, solo debes añadir plastilina blanca a la mezcla, ¡y listo!

Para realizar las figuras de este libro, puedes modelar la plastilina con las manos y los dedos, pero también hay herramientas, como las siguientes, que te serán de gran utilidad para conseguir las formas deseadas:

### RODILLO

Te sirve para amasar la plastilina y conseguir formas planas y lisas.

### CORTADOR

Es muy cómodo para cortar y eliminar los bordes que sobran.

### ALISADOR

Lo puedes utilizar para que no se noten las uniones y para alisar superficies con salientes.

### PALETAS

Con estas herramientas de modelado podrás hacer agujeros, hendiduras, líneas, etc., en la plastilina.

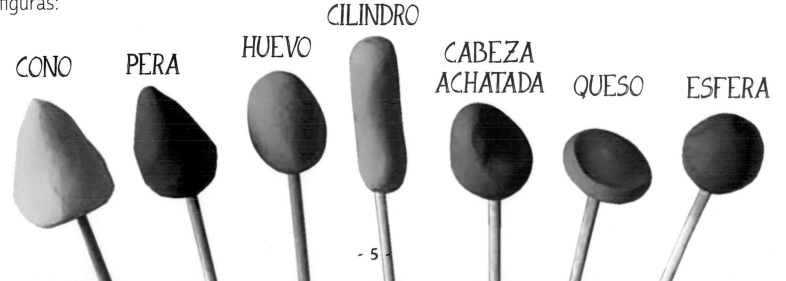

## Usa palillos, pero ¡ten cuidado!

Puedes utilizar palillos para unir las diferentes partes que componen las figuras, pero ten mucho cuidado de no pincharte. Si es necesario, pide ayuda a un adulto.

# Formas básicas

Para terminar, familiarízate con estas formas básicas, que serán la base de casi todas las figuras:

CONO    PERA    HUEVO    CILINDRO    CABEZA ACHATADA    QUESO    ESFERA

GRRRR

# Tiranosaurio

Es el dinosaurio más conocido, y la criatura más fiera y temible que ha existido a pesar de tener unos brazos muy pequeños y cortos. ¡En tu Dinoparque de plastilina no puede faltar uno!

## Necesitas

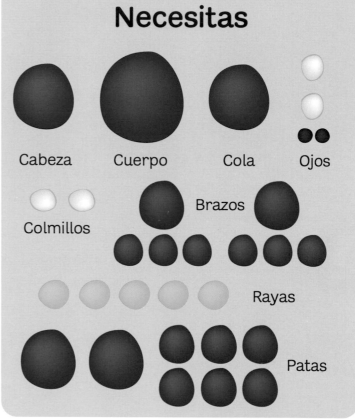

Cabeza    Cuerpo    Cola    Ojos

Colmillos

Brazos

Rayas

Patas

### 1

**1.** Haz un cilindro gordito un poco aplastado por los extremos, como se ve en la imagen. Córtalo con un cuchillo de plástico para hacer la boca; da forma puntiaguda a las bolas de los colmillos y ponlos en la boca. Aplasta las bolitas de los ojos y pégalas; con un cuchillo haz los agujeros de la nariz.

### 2

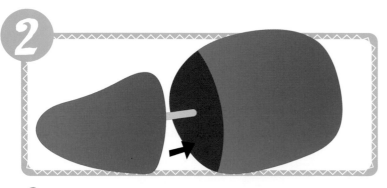

**2.** Aplasta un poco por los lados la bola del cuerpo. Para la cola, haz un triángulo redondeado y únelo al cuerpo con un palillo.

### 3

**3.** Para hacer los brazos, haz dos rulitos con las bolas más grandes; con las más pequeñas moldea triangulitos y pégalos a cada uno de los extremos. ¡Serán las garras de tu terrible tiranosaurio!

**4**

**4.** Para hacer las patas, dale a las bolas grandes forma de L, como puedes ver en la imagen. Luego haz conitos con las tres bolas pequeñas y pégalos a las patas.

**5**

**5.** Une la cabeza, los brazos y las patas al cuerpo con la ayuda de palillos. Por último, haz cinco rulitos pequeños con las bolas verdes, aplástalas y pégalas a lo largo de su espalda.

**! TRUCO:** Si quieres que tus figuras se sostengan en pie, asegúrate de que las patas sean lo suficientemente gruesas como para soportar el peso del cuerpo.

# Estegosaurio

Hace 150 millones de años, el gigante y pesado estegosaurio poblaba la Tierra. En la espalda tenía grandes placas óseas y su poderosa cola terminaba en puntiagudas púas. ¡Era casi tan grande como un autobús!

## Necesitas

Cabeza

Cuerpo

Cola

Ojos

Patas y dedos

Manchas

Cresta

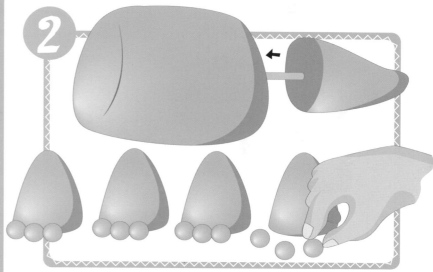

**2.** Aplasta por los lados la bola del cuerpo y haz un cilindro acabado en punta en uno de sus lados para la cola. Une las dos partes con un palillo. Modela cuatro conos para las patas y añade tres bolitas en cada una para los dedos.

**1.** Haz un óvalo un poco aplastado por uno de los lados para la cabeza. Aplasta las bolitas blancas y negras y pégalas en la cabeza para hacer los ojos. Añade unos agujeritos para la nariz.

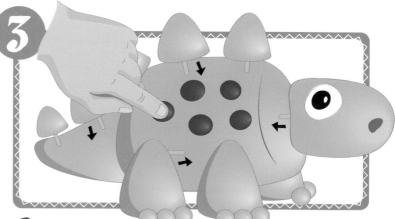

**3.** Une la cabeza y las patas al cuerpo con palillos. Aplasta y da forma de cono a las bolitas de la cresta y únelas al cuerpo también con palillos. Por último, añade las manchas.

# Diplodocus

**¿S**abías que este dinosaurio medía más de 25 m de largo, 13 m de altura y pesaba unas 55 toneladas? ¡Es uno de los dinosaurios más grandes que existieron!

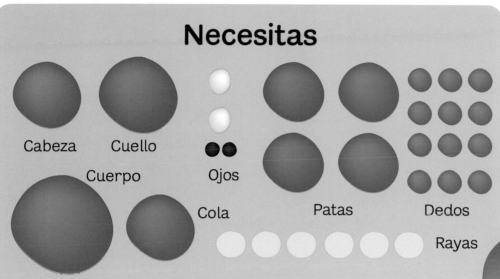

## Necesitas

- Cabeza
- Cuello
- Cuerpo
- Ojos
- Cola
- Patas
- Dedos
- Rayas

**1.** Trabaja la bola de la cabeza dándole forma de huevo. Aplasta las bolitas de los ojos y pégalas a la cabeza. Haz dos agujeros para simular los orificios de la nariz.

**2.** Haz un cilindro grueso con la bola del cuello, y únelo a la cabeza con un palillo.

**3.** Une la cabeza y el cuello con un palillo (a). Da forma de cilindro a las bolitas de las patas y pégales tres bolitas pequeñas, que serán las garras (b). Une el cuello y las patas al cuerpo con palillos, y por último haz rulitos con las bolas amarillas, aplástalas y pégaselas a lo largo del lomo (c). ¡Listo!

# Anquilosaurio
## con nido y huevos

Este dinosaurio poseía una armadura natural que lo convertía en un tanque andante. Pero también cuidaba amorosamente de sus huevos hasta que nacían los bebés...

## Necesitas

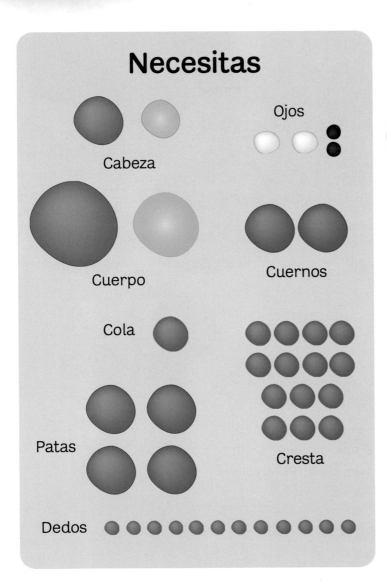

Ojos

Cabeza

Cuerpo

Cuernos

Cola

Patas

Cresta

Dedos

## Cómo hacer el anquilosaurio

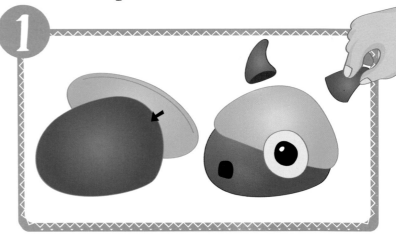

**1.** Para hacer la cabeza, haz un óvalo un poco aplastado con la bola azul oscuro; aplasta la bola azul clarito y ponla sobre la anterior. Para los ojos, aplasta las bolas blancas y monta sobre ellas las negras. Da forma de cuernos a dos bolitas azul oscuro y haz el agujero de la nariz.

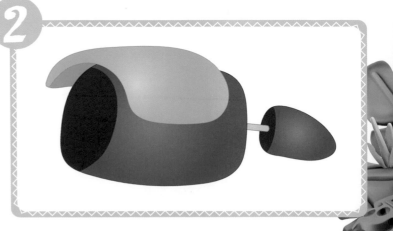

**2.** Para el cuerpo, dale forma de cilindro a la bola azul oscuro. Aplasta la bola azul clarito y colócala encima. Para la cola, utiliza una bola pequeña de color azul oscuro, dale forma de cono y únelo al cuerpo con un palillo. ¡Cuidado, no te pinches con él!

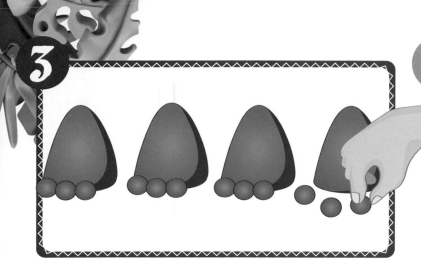

**3.** Dale una forma triangular a las bolas de las patas y pega las tres bolitas de los dedos en cada una de ellas.

**4.** Une la cabeza y las patas al cuerpo con palillos. Aplasta las bolitas de la cresta y únelas al cuerpo por la parte superior también con palillos.

# Cómo hacer el nido con los huevos

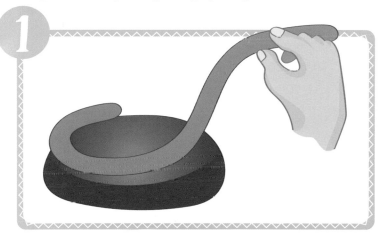

**1.** Aplasta la bola marrón grande del nido hasta formar más o menos un círculo que sea la base. Haz un rollito con la otra bola y colócala bordeando la base para hacer los lados del nido.

### Necesitas

Nido        Huevos

**2.** Da forma ovalada a las bolas blancas y colócalas dentro del nido.

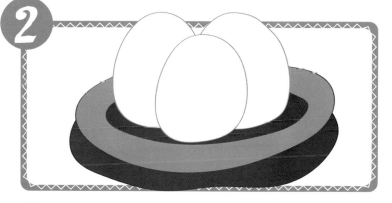

# Pterodáctilo

**N**o era un dinosaurio, pero este reptil alado y volador conquistó los cielos de nuestro planeta hace millones de años. ¿Sabes que no superaba los 4 kg de peso?

## Cómo hacer el pterodáctilo

### Necesitas

Cabeza

Cuerpo

Patas

Ojos

Alas

**1.** Para hacer la cabeza, haz un óvalo alargado con un saliente en la parte de atrás de la cabeza. Con un cuchillo de plástico, haz un corte por la mitad del hocico para formar la boca. Aplasta las bolas blancas y negras de los ojos y pégalas en la cabeza.

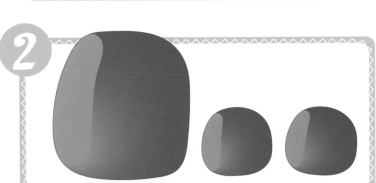

**2.** Aplasta un poco por los cuatro lados la bola del cuerpo, hasta hacer un cuadrado con las esquinas redondeadas. Haz dos trapecios con las bolas de las patas.

**3.** Haz dos triángulos para las alas, y dale a la base forma ondulada. Inserta un palillo en cada lado de las alas para luego unirlas al cuerpo y que se mantengan a los lados.

**4**

**4.** Ya solo te queda unir todas las partes con palillos para que se sujeten bien. ¡Ten cuidado de no pincharte!

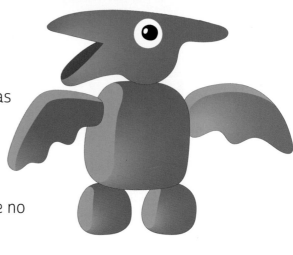

# Cómo hacer el islote

## Necesitas

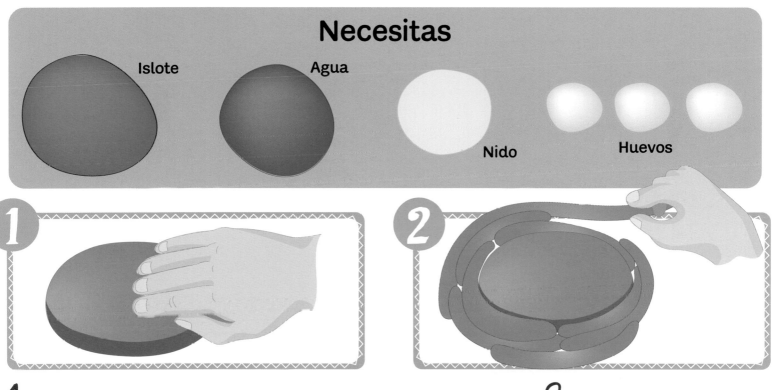

Islote

Agua

Nido

Huevos

**1**

**1.** Aplasta la bola naranja del islote hasta conseguir una forma redonda.

**2**

**2.** Haz un rulo alargado con la bola azul del agua; córtalo en varios trozos y ponlos alrededor del círculo del islote, como si fueran las olas.

**3**

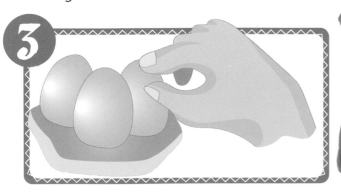

**3.** Haz tres huevos con las bolas blancas. Aplasta la bola amarilla y ponlos encima. Solo te queda añadir tu pterodáctilo.

# Pez del abismo

**P**arece un monstruo extraterrestre, pero no lo es... Este pez vive en las zonas más profundas de los mares, donde no llegan los rayos de sol. ¡Es uno de los pocos peces que emite su propia luz!

**1**

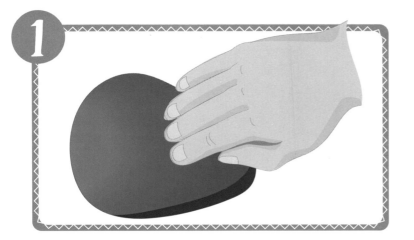

**1.** Para hacer el cuerpo, modela una forma parecida a esta.

**2**

**2.** Haz un rulo con la bola azul de la antena, y pégale en un extremo la bolita amarilla. Para que no se rompa la antena, puedes usar un alambre doblado y recubierto de plastilina, pero debes pedir ayuda a un adulto.

**3.** Une la antena a la cabeza, alisando bien la unión.

## Necesitas

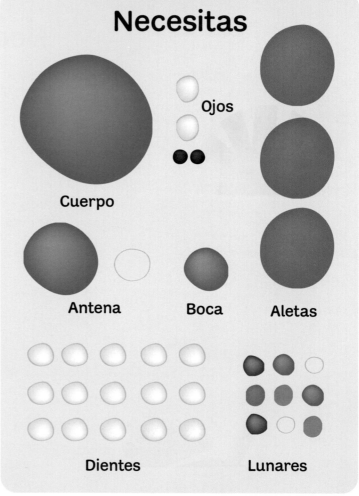

Cuerpo

Ojos

Antena

Boca

Aletas

Dientes

Lunares

**3**

**4.** Haz un rulo con la bola de la boca, afinándole los extremos. Con un cuchillo de plástico márcale unas rayitas.

**5.** Modela rulos finitos con las bolitas blancas de los dientes, dejando en punta los extremos. ¡Este pez tiene los dientes muy afilados!

**6.** Para hacer las aletas, aplasta las bolas y dales las formas que ves en la imagen. Con un cuchillo de plástico, hazle cortes en los bordes.

**7.** Pega los dientes y pon encima la boca. Une las aletas con palillos y aplasta los lunares y pégalos por todo el cuerpo.

# Flor y abejita

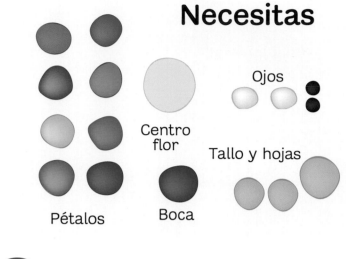

Pétalos

Centro flor

Boca

Ojos

Tallo y hojas

Regalar una flor a alguien que quieres es un bonito detalle… Seguro que cuando acabes estas figuras, lo habrás hecho tan bien que… ¡parecerán de verdad!

## Cómo hacer la flor

**1.** Da forma con la punta de los dedos a las ocho pelotitas de colores para hacer los pétalos. Haz lo mismo con las bolitas pequeñas verdes, que serán las hojas.

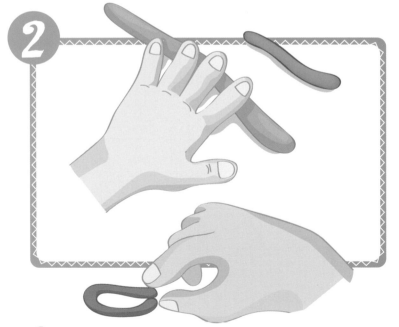

**2.** Haz dos rollitos: uno verde y grande para el tallo y otro finito y pequeño para la boca con plastilina roja. Pega las hojitas al tallo. Dobla el rollito rojo y dale forma de sonrisa, como puedes ver en la imagen.

**3.** Aplasta ligeramente con la palma de la mano la bola amarilla para hacer el centro de la flor. Después, coloca las bolitas blancas para los ojos y el rollito rojo doblado en el lugar de la boca. Por último, pon unas motitas negras sobre las bolitas blancas para completar los ojos y coloca todos los pétalos. ¡Ahora solo falta la abejita!

# Cómo hacer la abejita

**1**

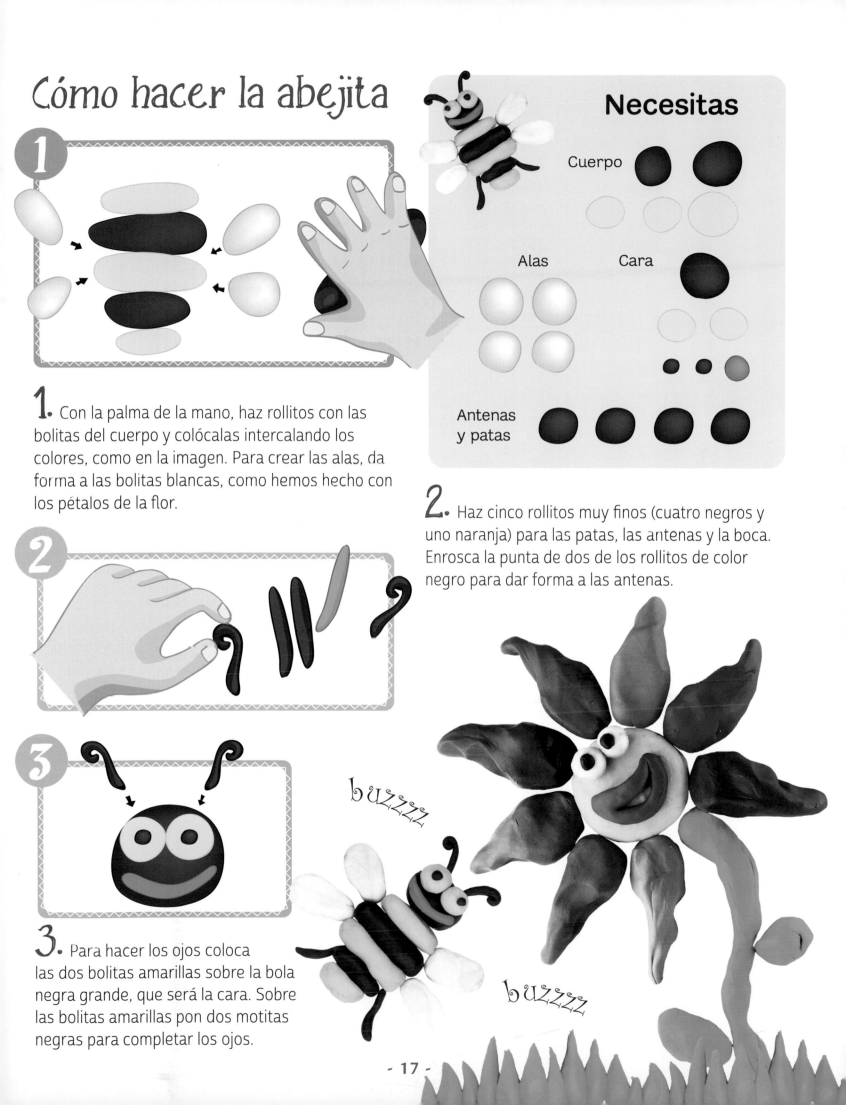

**Necesitas**

Cuerpo

Alas    Cara

Antenas
y patas

**1.** Con la palma de la mano, haz rollitos con las bolitas del cuerpo y colócalas intercalando los colores, como en la imagen. Para crear las alas, da forma a las bolitas blancas, como hemos hecho con los pétalos de la flor.

**2**

**2.** Haz cinco rollitos muy finos (cuatro negros y uno naranja) para las patas, las antenas y la boca. Enrosca la punta de dos de los rollitos de color negro para dar forma a las antenas.

**3**

buzzzz

**3.** Para hacer los ojos coloca las dos bolitas amarillas sobre la bola negra grande, que será la cara. Sobre las bolitas amarillas pon dos motitas negras para completar los ojos.

buzzzz

# Caracol, col, col...

Cuando llueve y luego sale el sol,
¡también sale el caracol! Aprende a
modelarlo:

## Necesitas

Cuerpo     Ojos          Boca

Caparazón

**1**

**1.** Para el cuerpo del caracol modela
un rollito blanco grueso y cúrvalo,
para conseguir la forma de la
imagen.

**2**

**2.** Para hacer el caparazón forma un cono de
color marrón oscuro. Sobre este cono coloca
siete rollitos finos dobles, alternando uno morado
y uno naranja.

**3**

**3.** Curva el rollito a modo
de espiral, dejando la
parte estrecha en el
interior, como
muestra la
imagen.

**4**

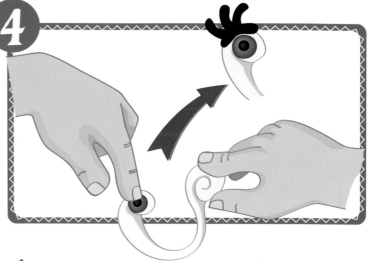

**4.** Para crear los ojos, haz un rollito blanco y
curva en forma de espiral los extremos. Sobre
ellos, coloca los ojitos, formados por dos pelotitas
(una negra sobre una azul), que aplastarás
ligeramente. Después, forma
tres rollitos negros muy
finos y haz las pestañas,
y con un rollito rojo
dale forma a la boca.
¡Preparado para sacar los
cuernos al sol!

# Libélula

¿**T**e has encontrado alguna vez una libélula por el campo? Son insectos muy bellos y... ¡dicen que traen buena suerte!

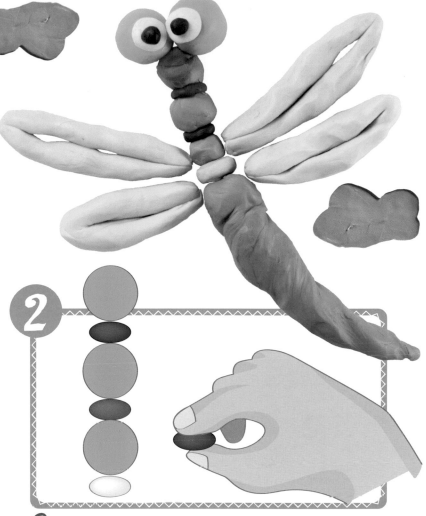

## Necesitas

Cuerpo

Ojos

Cuello

Boca

Alas

**2.** Para el cuello, coloca las otras tres bolitas azul turquesa alternándolas con la azul, la blanca y la morada. Aplasta un poquito estas tres últimas, para que queden más planitas.

**1.** Para modelar la base del cuerpo, forma un rollito con la bola azul turquesa grande, con un extremo más estrecho que el otro.

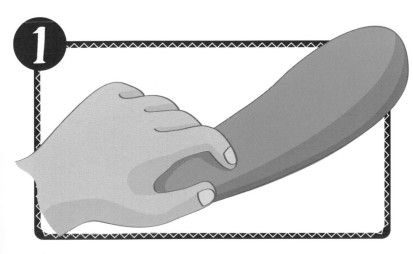

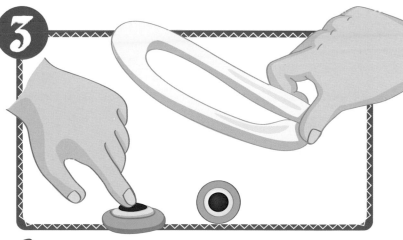

**3.** Para hacer las alas dobla los cuatro rollitos por la mitad, junta los extremos y colócalos a los lados del cuerpo. Para crear los ojitos pon la pelotita negra sobre otra blanca y estas sobre la otra verde, como en la imagen. Añade un rollito rosa para la boca y ¡ya está lista para volar!

# Mariposa

Seguimos dando un paseo por el campo. ¿Qué te parece modelar una mariposa? ¡Es muy fácil!

## Necesitas

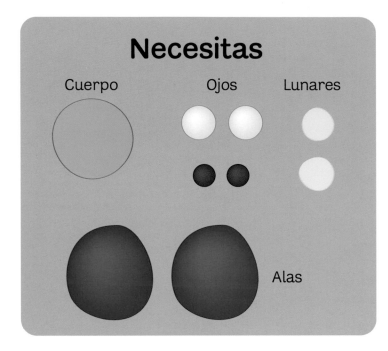

Cuerpo · Ojos · Lunares

Alas

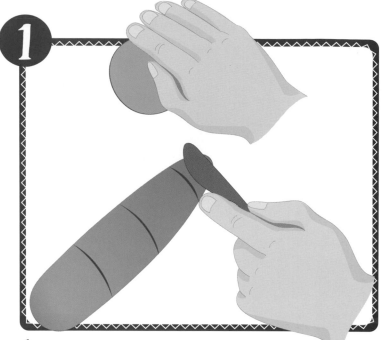

**1.** Para hacer el cuerpo, forma un rollito con la bola verde, con un extremo más estrecho que el otro. Marca unas líneas horizontales con ayuda de un cuchillo de plástico.

**2.** Vamos ahora con los ojos: aplasta las bolitas blancas y negras, y coloca las negras sobre las blancas. Pégalas en el extremo más ancho del rollito verde del cuerpo, como puedes ver en la imagen.

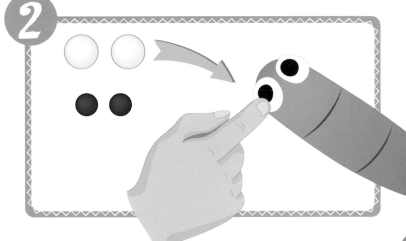

**3.** Para hacer los lunares que adornan el cuerpo de nuestra mariposa, aplasta las bolitas amarillas y pégalas en el rollito verde.

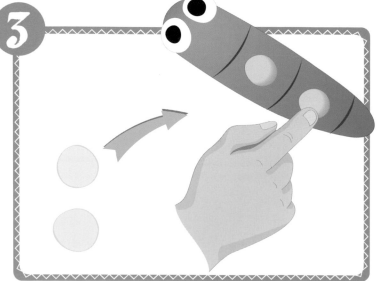

**TRUCO:** Si calientas tus manos antes de empezar a modelar, la plastilina se ablandará y será más fácil de usar.

**4.** Con las bolas rojas de las alas, modela con tu mano dos rulitos finos.

**5.** Enrolla cada rulito en forma de espiral siguiendo el sentido en cada extremo que puedes ver en la imagen.

**6.** Para terminar, fija las alas a los lados del cuerpo de la mariposa con trozos de palillos. ¡Ten cuidado, no te pinches!

CONSEJO: No te desanimes si las espirales no te salen a la primera, ¡solo tienes que volver a probar!

# Búho

Es sin duda uno de los animales más bonitos del bosque. Como le gusta la noche y es difícil verlo de día, podemos hacer este búho de plastilina para que nos haga compañía a todas horas.

## Necesitas

Ojos

Cabeza

Pico

Alas

Cuerpo

Garras

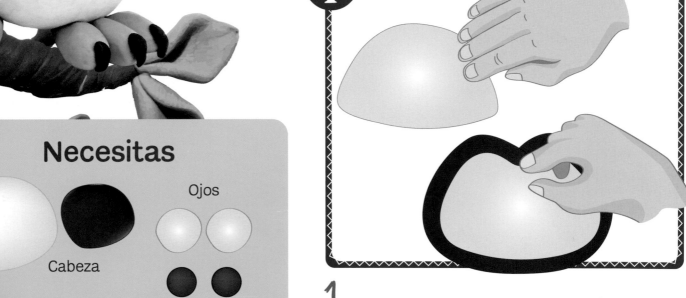

**1.** Con la bola blanca de la cabeza, modela un óvalo y aplástalo un poquito por el centro para hacer la cara. Con la bola marrón haz un rulito y colócalo alrededor de la cara, dándole la forma que puedes ver en la imagen.

**2.** Para hacer los ojos, da forma de óvalo a las tres bolitas. Usa de base la de color naranja, coloca encima la negra y, sobre esta, la blanca.

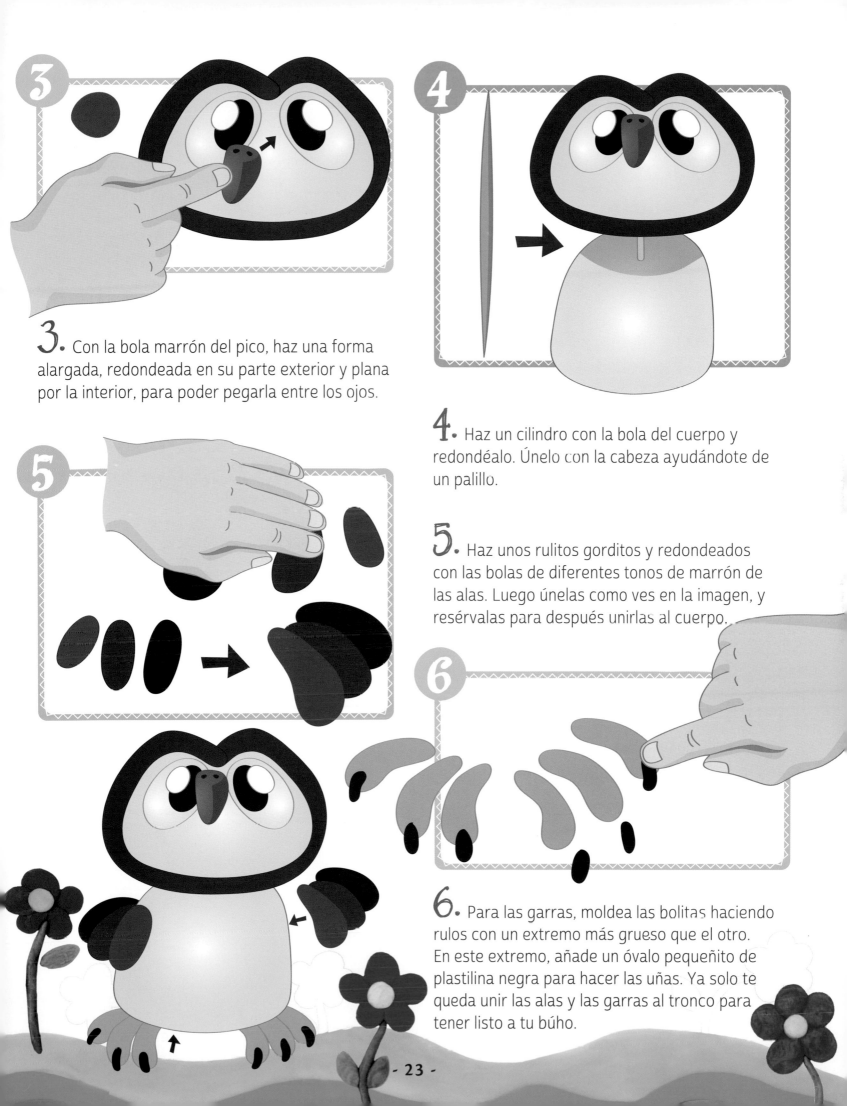

**3.** Con la bola marrón del pico, haz una forma alargada, redondeada en su parte exterior y plana por la interior, para poder pegarla entre los ojos.

**4.** Haz un cilindro con la bola del cuerpo y redondéalo. Únelo con la cabeza ayudándote de un palillo.

**5.** Haz unos rulitos gorditos y redondeados con las bolas de diferentes tonos de marrón de las alas. Luego únelas como ves en la imagen, y resérvalas para después unirlas al cuerpo.

**6.** Para las garras, moldea las bolitas haciendo rulos con un extremo más grueso que el otro. En este extremo, añade un óvalo pequeñito de plastilina negra para hacer las uñas. Ya solo te queda unir las alas y las garras al tronco para tener listo a tu búho.

# Gusanito y hojas

¿**H**as visto algún gusanito? Cuando se desplaza, parece un acordeón moviéndose hacia arriba y hacia abajo, y le encanta comer hojas. Vamos a modelarlo junto a dos hojitas, siguiendo estos sencillos pasos.

## Gusanito

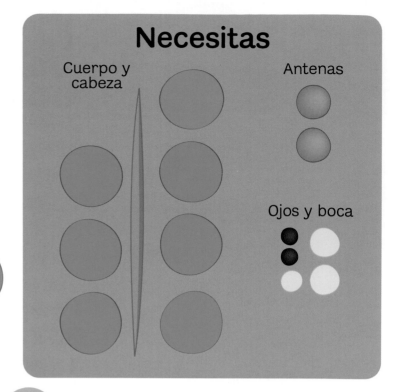

**Necesitas**

Cuerpo y cabeza

Antenas

Ojos y boca

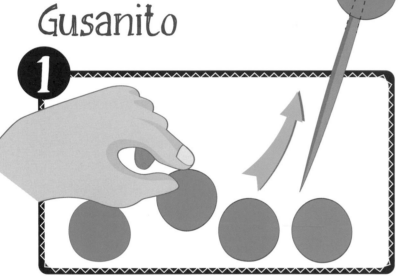

**1.** Utiliza el palillo para hacer el cuerpo e inserta seis bolitas verdes una a una, como si fuese una brocheta, para que las bolitas queden unidas.

**2.** Para la carita, utiliza la última bolita verde. Después, coloca las bolitas negras sobre las amarillas para hacer los ojos. Para la boca, haz un rollito amarillo finito y dale forma curva, como muestra la imagen.

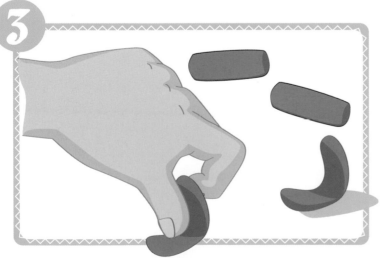

**3.** Por último, usa los dos rollitos naranjas para hacer las antenitas y modélalos con los dedos índice y pulgar para darles una forma curvada. Pégalas a la cabeza y después inserta esta bolita con el resto de bolitas que forman el cuerpo.

# Cómo hacer las hojas

**1**

**1.** Con la ayuda de un rodillo extiende la plastilina verde sobre una superficie lisa, hasta que tenga unos 5 mm de grosor.

**2**

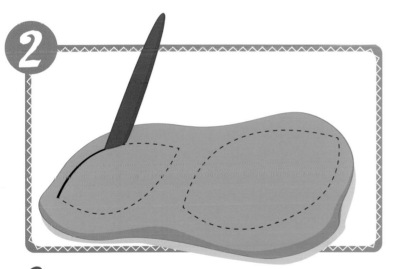

**2.** Pide a tus padres algún utensilio para modelar o un cuchillo que no corte, y troquela la forma de las dos hojas, por donde muestran las líneas discontinuas de la imagen.

**3**

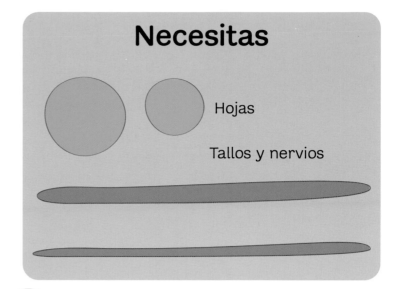

**3.** Divide en dos el rollito más grueso para hacer los tallos y colócalos en medio de las dos hojitas. Haz lo mismo con el rollito más fino para los nervios, que salgan en diagonal desde el centro. ¡El gusanito ya tiene sus hojitas!

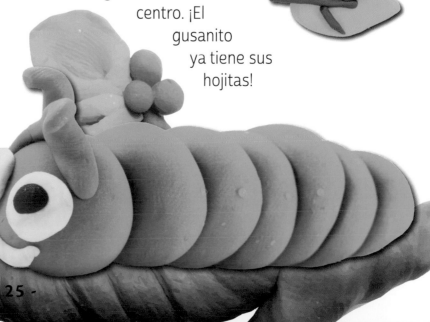

# Perro y gato

Estas simpáticas mascotas están esperando el autobús, y mientras llega, te vamos a enseñar a hacerlas. Como sus cuerpos son muy similares, lo único que vamos a cambiar es el color y la forma de las cabezas. Tanto el cuadro de «Necesitas» como el primer paso, te servirán para recrear los dos.

## Necesitas

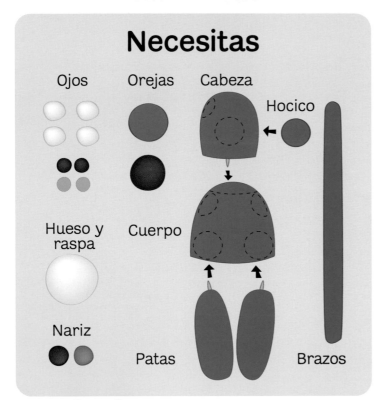

Ojos

Orejas

Cabeza

Hocico

Hueso y raspa

Cuerpo

Nariz

Patas

Brazos

**1** ¡No olvides usar plastilina de color negro para hacer el cuerpo del gato!

**1.** Modela todas las partes que forman el cuerpo y únelas con palillos. Colócalas sobre las zonas señaladas con líneas discontinuas. Con el dedo índice, alisa las partes que han quedado juntas para que parezca todo un bloque. Cuando hagas el gato, no olvides añadir la cola con un rollito negro.

**2**

Orejas del perro

Orejas del gato

**2.** Para hacer las orejas del perro modela dos rollitos azules y aplánalos con la palma de la mano. Para las orejas del gato, forma una plancha de plastilina negra de unos 3 mm de grosor con la ayuda de un rodillo y recorta dos cuadrados, como muestra la imagen. Dobla las esquinas hacia dentro por la línea de puntos para formar las orejas.

**3.** Para finalizar las cabecitas coloca las orejitas en los laterales de la parte superior, como muestra la imagen. Para hacer los ojitos y la nariz, fíjate en la imagen y en las bolitas de plastilina que necesitas.

**5.** Haz el hueso con un rollito blanco. Corta los extremos por la línea de puntos y después separa y redondea el extremo del hueso con las manos.

**4.** Haz dos pequeños cortes con la ayuda de un palillo en las cuatro patitas, para simular las pezuñas.

**6.** Para hacer la raspa de pescado extiende una lámina de plastilina de 5 mm de grosor y recorta la forma de la raspa, como muestra la imagen. Después, con la ayuda de un palillo, realiza un pequeño agujero para el ojito. ¡Listos antes de que llegue el autobús!

# Cerdito

¿**H**as visitado alguna vez una granja? Allí vive el simpático cerdito, conocido por sus divertidos gruñidos... ¡Atrévete a modelar uno!

## Necesitas

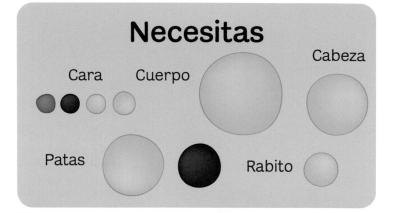

Cara  Cuerpo  Cabeza
Patas  Rabito

**1**

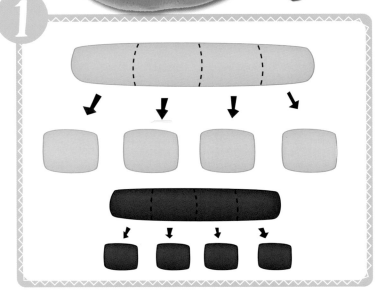

**1.** Haz el cuerpo y la cabeza aplastando uno de los extremos de la bola sobre una superficie lisa. Para hacer las patas modela un rollito rosa y córtalo en cuatro trozos por la línea de puntos. Haz lo mismo con la bola negra.

**3**

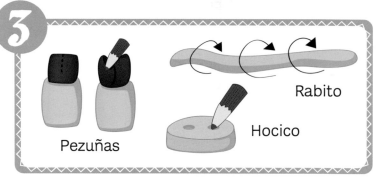

Rabito
Hocico
Pezuñas

**3.** Para hacer las pezuñas aplasta la punta de un lápiz contra el extremo de los taquitos negros, por la línea de puntos. Para el rabo, forma un rollito y retuércelo. Aplasta la bolita rosa más pequeña para crear el hocico y hazle unos agujeritos con el lápiz.

**2**

**2.** Coloca las piezas como muestra la imagen, clavándolas con palillos para juntar todas las partes del cuerpo.

**4**

**4.** Para las orejas, haz con la bola rosa mediana una plancha de unos 5 mm de grosor, corta por donde se indica y dobla las esquinas. Para la lengua, haz otra plancha, recorta por la línea de puntos y realiza agujeritos con un palillo. Por último, haz los ojitos con una bolita negra formando una cruz.

# Ovejita

Otro habitante imprescindible en una granja: la oveja. Si quieres que tu granja de plastilina esté completa, ¡no te queda más remedio que modelar una!

## Necesitas

Cabeza
Orejas
Ojos
Flequillo
Cuerpo
Patas

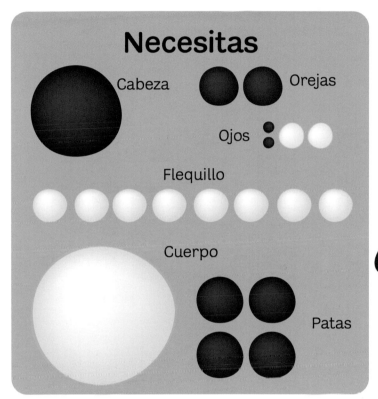

**1.** Dale forma ovalada a la bola negra de la cabeza. Aplasta los ojos y ponlos encima. Da forma de lágrima a las bolas de las orejas y únelas a la cabeza.

**2.** Aplasta las bolitas del flequillo y añádelas a la cabeza.

**3.** Moldea la forma del cuerpo con los bordes ondulados. Haz unos rulitos con las patas, aplástalas un poco y pégalas al cuerpo.

**4.** Une la cabeza al cuerpo, y ya tienes tu ovejita.

# Conejito

En tu granja no puede faltar tampoco un conejito. ¡Recuerda que es imprescindible hacerle unas largas orejas y dos dientes grandes!

## Necesitas

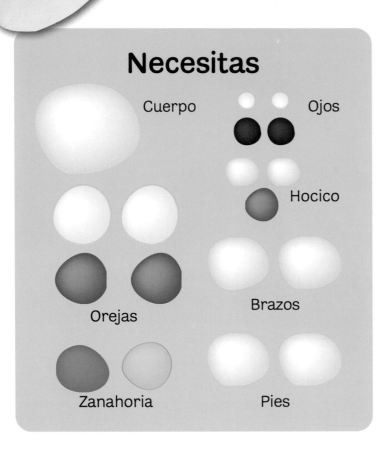

Cuerpo

Ojos

Hocico

Orejas

Brazos

Zanahoria

Pies

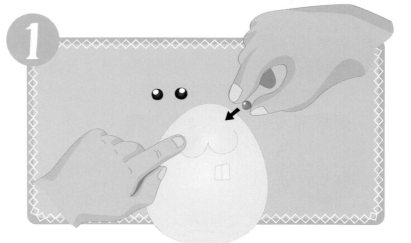

**1** Dale forma ovalada a la bola del cuerpo. Une las bolitas del hocico y pégalas en la cara fundiendo los bordes; luego añade la bolita rosa de la nariz. Para los ojos, pon las bolitas blancas sobre las negras, aplástalas y pégalas al cuerpo. Por último, haz un cuadradito para los dientes, marca una línea para separarlos y pégalos debajo del hocico.

**2.** Para modelar las orejas, debes hacer cuatro rulos, dos de color blanco y dos de color rosa, estos últimos más pequeños. Dales a todos forma de rectángulo y pega los rosas sobre los blancos.

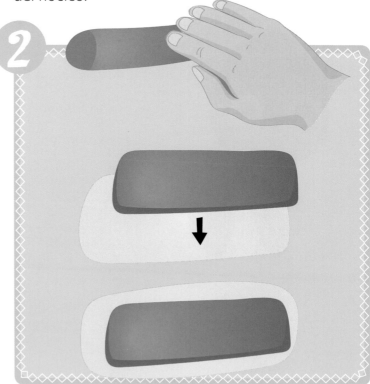

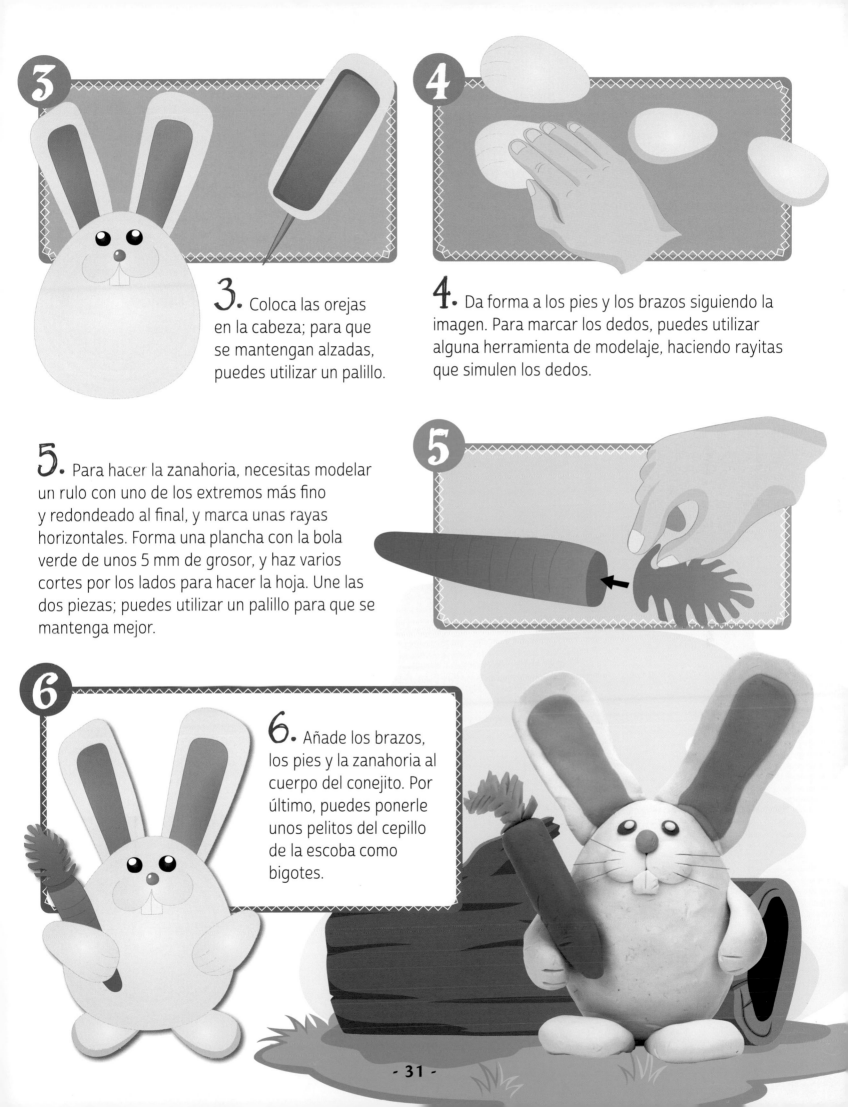

**3.** Coloca las orejas en la cabeza; para que se mantengan alzadas, puedes utilizar un palillo.

**4.** Da forma a los pies y los brazos siguiendo la imagen. Para marcar los dedos, puedes utilizar alguna herramienta de modelaje, haciendo rayitas que simulen los dedos.

**5.** Para hacer la zanahoria, necesitas modelar un rulo con uno de los extremos más fino y redondeado al final, y marca unas rayas horizontales. Forma una plancha con la bola verde de unos 5 mm de grosor, y haz varios cortes por los lados para hacer la hoja. Une las dos piezas; puedes utilizar un palillo para que se mantenga mejor.

**6.** Añade los brazos, los pies y la zanahoria al cuerpo del conejito. Por último, puedes ponerle unos pelitos del cepillo de la escoba como bigotes.

# Ranita

**L**as ranas viven en los estanques y hacen un sonido muy curioso que se llama croar. ¿Te gustaría aprender a modelar una? Presta atención a los siguientes pasos, ¡el resultado será espectacular!

## Necesitas

Cuerpo

Patas

Ojos

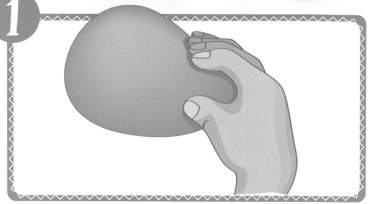

**1.** Aplasta la pelotita grande verde por uno de los extremos y con ella crea la base del cuerpo de la ranita. Haz bolitas moradas y pégalas sobre él.

**2.** Realiza una plancha de plastilina de 5 mm de grosor, y recorta las formas por la línea de puntos, para hacer las cuatro patitas. Para terminar el resto de la pata utiliza las dos pelotitas medianas para las traseras y las dos pequeñas para las delanteras. Luego únelas al cuerpo.

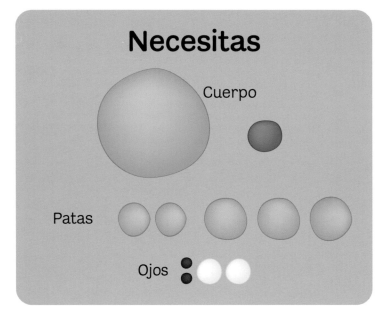

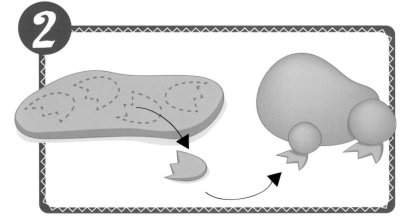

**3.** Coloca las bolitas pequeñas negras sobre las blancas para formar los ojitos. Realiza dos pequeños agujeritos con un palillo para hacer la nariz y después, con un palillo de moldear marca otro corte sobre la línea de puntos.

# Mosquito

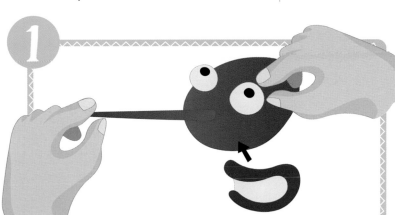

La mayoría de las ranas se alimentan de insectos como los mosquitos. ¡Vamos a modelar uno para nuestra ranita!

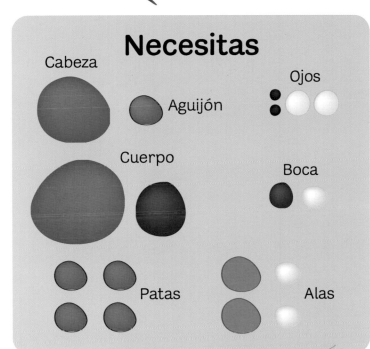

## Necesitas

Cabeza

Ojos

Aguijón

Cuerpo

Boca

Patas

Alas

**1.** Da forma de óvalo a la bola de la cabeza. Añade los ojos y para la boca haz un rollito de color rojo y cúrvalo como ves en la imagen; rellénalo con otro rollito de color blanco. Para terminar la cabeza, haz un rulito acabado en punta, que será el aguijón.

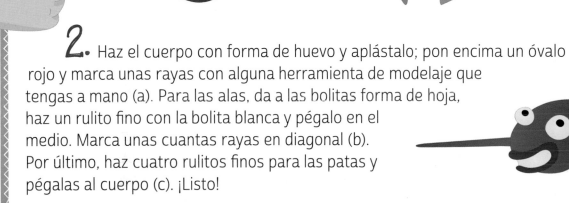

**2.** Haz el cuerpo con forma de huevo y aplástalo; pon encima un óvalo rojo y marca unas rayas con alguna herramienta de modelaje que tengas a mano (a). Para las alas, da a las bolitas forma de hoja, haz un rulito fino con la bolita blanca y pégalo en el medio. Marca unas cuantas rayas en diagonal (b). Por último, haz cuatro rulitos finos para las patas y pégalas al cuerpo (c). ¡Listo!

# Ratoncillo

**P**aseando por el campo te puedes encontrar con este simpático roedor que vive en madrigueras que construye él mismo... ¡pero no con plastilina!

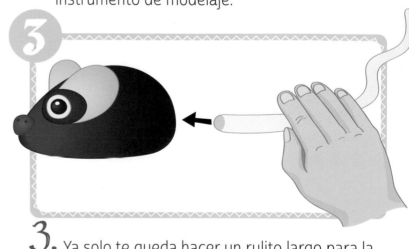

## Necesitas

Ojos

Cuerpo

Manchas de los ojos

Orejas

Cola

Hocico

**1**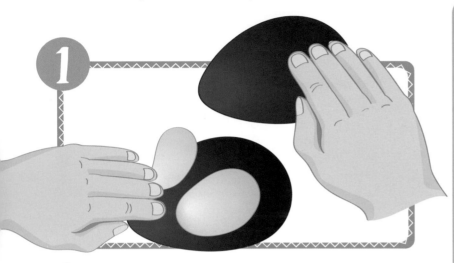

**1.** Para el cuerpo, modela la bola negra hasta conseguir la forma de un huevo. Luego aplasta las bolitas de las orejas dándoles forma ovalada y pégalas en el cuerpo como ves en la imagen.

**2.** Aplasta las bolitas marrones de las manchas de los ojos y pégalas un poco por encima de las orejas (a). Monta las bolitas de los ojos y pégalas encima de las manchas marrones (b); por último, aplasta un poquito la bola roja del hocico y pégala en la punta de la nariz (c). Hazle dos agujeritos con algún instrumento de modelaje.

**2**

a

b

c

**3**

**3.** Ya solo te queda hacer un rulito largo para la cola y pegarlo por detrás. ¡Listo!

# Unicornio

Si alguna vez visitas un bosque mágico, quizá te encuentres con esta extraordinaria criatura: ¡un caballito con un cuerno en la cabeza! Modela tu propio unicornio siguiendo estos sencillos pasos.

## Necesitas

Cabeza  Cuello  Ojos  Orejas  Cuerno  Crin  Cola  Cuerpo  Patas  Pezuñas

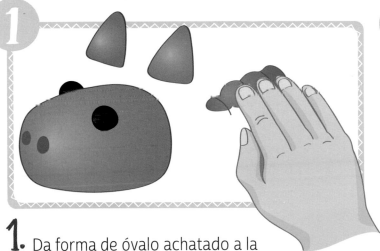

**1.** Da forma de óvalo achatado a la bola de la cabeza, y hazle dos agujeritos para la nariz. Aplasta un poco las bolitas de los ojos, da forma de cono a las bolitas de las orejas y pégaselas. Con la bolita naranja, forma un triángulo alargado para el cuerno y hazle unas rayas.

**3.** Une todos los elementos del unicornio con palillos, como ves en la figura. Por último, añade la crin y la cola. ¡Ya tienes tu unicornio!

**2.** Para hacer las patas, haz cuatro rulos gorditos. Aplasta un poco las bolitas de las pezuñas para formar cuatro circulitos, que serán las pezuñas. Antes de pegarlas a las patas, hazles un corte en el centro.

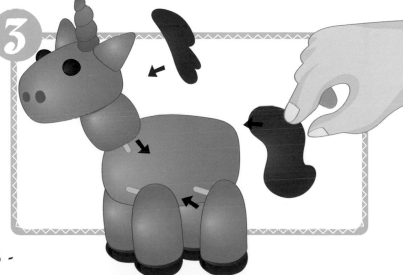

# Pingüino

Este elegante animal de graciosos
movimientos vive en los climas fríos
y ¡parece que lleva un frac! ¿Quieres
aprender a hacerlo? Lee atentamente…

## Necesitas

Cuerpo

Pies

Ojos

Brazos

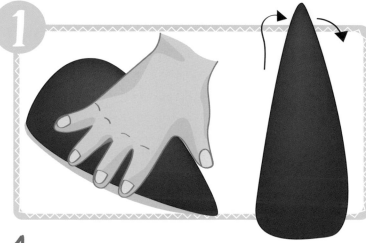

**1.** Con la bola negra grande haz un rollito y
aprieta más un lado que otro para formar un cono.
Después dobla el extremo como muestran las
flechas para darle forma a la cabeza.

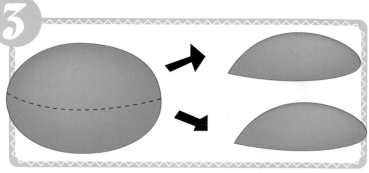

**3.** Para formar los ojitos coloca las dos bolas
blancas sobre la cabeza. Parte la bolita naranja por
la mitad, como muestra la línea de puntos, para
que cada mitad forme un piececito.

**2.** Con la ayuda de un rodillo,
haz una lámina de plastilina
blanca de unos 3 mm de grosor.
Recorta la forma que se muestra
en la línea de puntos. Después,
pega esta capita sobre el cuerpo
del pingüino.

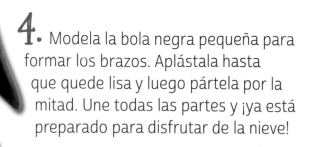

**4.** Modela la bola negra pequeña para
formar los brazos. Aplástala hasta
que quede lisa y luego pártela por la
mitad. Une todas las partes y ¡ya está
preparado para disfrutar de la nieve!

# Foca

Las focas viven en los mares fríos y templados de todo el mundo. ¡Pasan la mayor parte de su tiempo en el agua, pero en realidad son mamíferos! Descubre cómo hacer este curioso animalito en pocos pasos.

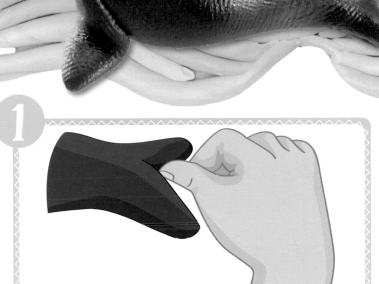

## Necesitas

Cabeza

Ojos

Cuerpo

Cola

Aletas

### 1
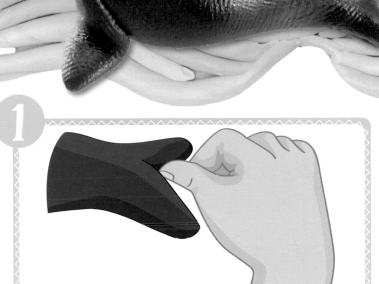

**1.** Une con un palillo todas las partes que has formado y alísalas con el dedo índice para que no se note la unión. Realiza un corte en el extremo, por donde marca la línea de puntos, y abre los extremos separados por la línea de corte, como muestra la imagen. Moldéalos para formar la cola de este simpático animal.

### 2
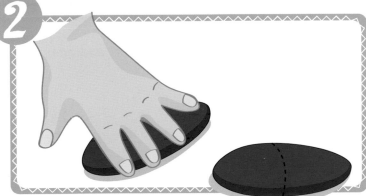

**2.** Haz dos rollitos pequeños del mismo color que el cuerpo y aplástalos. Después, dobla cada uno de ellos por la línea de puntos para formar las aletas. Una vez hechas las dos, únelas al cuerpo por los laterales.

### 3
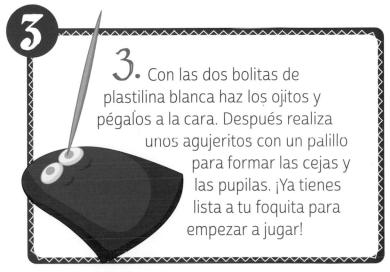

**3.** Con las dos bolitas de plastilina blanca haz los ojitos y pégalos a la cara. Después realiza unos agujeritos con un palillo para formar las cejas y las pupilas. ¡Ya tienes lista a tu foquita para empezar a jugar!

# Cangrejo

¿Qué se esconde bajo el mar? Multitud de animalitos acuáticos como el cangrejo. ¡Seguro que alguna vez has encontrado uno en la orilla de la playa! Fíjate cómo se hace este...

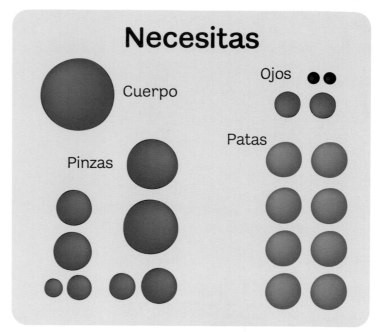

**Necesitas**

Cuerpo

Ojos

Pinzas

Patas

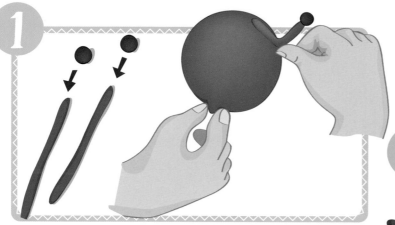

**1.** Aplasta la bola rosa del cuerpo para quitarle un poco de volumen. Para formar los ojitos haz dos pequeños rollitos y colócales una bolita negra en el extremo a cada uno. Coloca los rollitos sobre la bola aplastada y dóblalos en ángulo recto por la mitad, para que el ojito sobresalga como una antena. Pellizca la parte inferior de la bola.

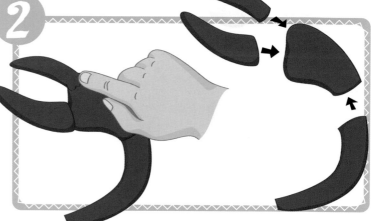

**2.** Para hacer las pinzas, crea y une dos rollitos acabados en punta algo aplastados, una pieza central y un rollito más grande curvado hacia dentro. Suaviza una de las juntas con el dedo índice para que no se note que son dos piezas distintas. Haz lo mismo para crear la pinza pequeña.

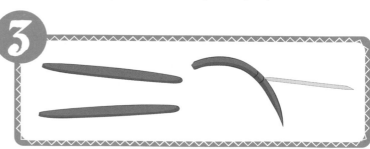

**3.** Haz ocho rollitos acabados en punta para las patas. Después, cúrvalos un poco y con la ayuda de un palillo dibuja dos rayitas cerca del centro. ¡Parece de verdad!

# Pulpo

¿**H**as visto alguna vez un pulpo? Es un animalito marino famoso por sus largos tentáculos, ¿sabes cuántos tiene? Nada menos que ocho, ¡no se te olvide hacérselos todos!

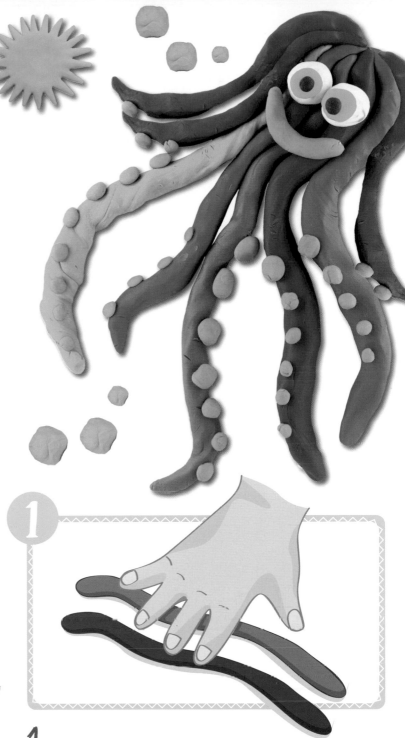

## Necesitas

Ventosas

Tentáculos

Cara

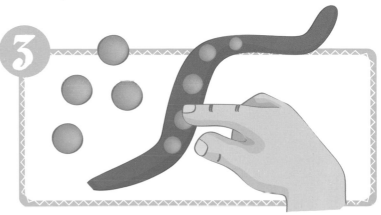

**1.** Forma ocho rollitos de distintos tamaños y colores, que serán los tentáculos. Gira cada uno de ellos sobre una superficie lisa y después únelos todos por uno de sus extremos.

**2.** Para hacer los ojos coloca las bolitas negras sobre las verdes, aplástalas ligeramente y ponlas encima de las bolas blancas. Después, forma la boca con un pequeño rollito rosa dándole forma curva.

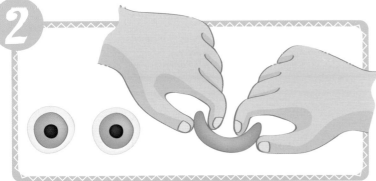

**3.** Con la bolita rosa grande forma muchas bolitas pequeñas, que servirán para hacer las ventosas. Colócalas a lo largo de los tentáculos separadas entre ellas.

# Elefante y jirafa

¡Bienvenidos a la selva! Aquí viven muchos animales, como el elefante con su gran trompa y la jirafa con su laaaargo cuello. ¿Quieres aprender a modelarlos? ¡Sigue los pasos!

## Necesitas

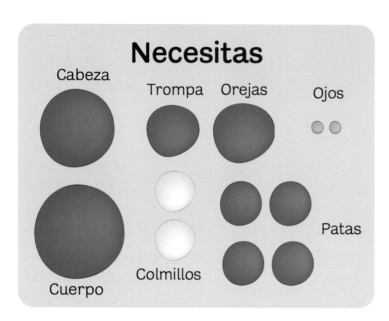

Cabeza

Trompa · Orejas · Ojos

Cuerpo · Colmillos · Patas

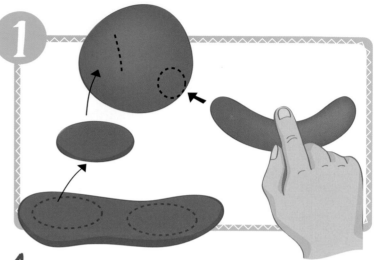

**1** Realiza un rollito para hacer la trompa. Haz una plancha de unos 5 mm y recorta dos círculos para formar las orejas. Después coloca estas piezas sobre la bola de la cabeza, en los lugares marcados por la línea de puntos.

**2.** Con la punta del pulgar o del índice suaviza bien las juntas. Usa las dos bolitas rosas para hacer los ojitos y hazle un agujero con un palillo. Después forma los colmillos a partir de dos rollitos de plastilina blanca. Deja los extremos afilados y cúrvalos.

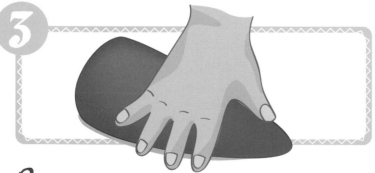

**3.** Para hacer las patitas forma cuatro rollitos bastante gruesos, apretando más por un extremo que por el otro para crear una forma de cono. Aplasta un poco la bola más grande, el cuerpo, para que no sea del todo redonda. Une con palillos las patas y la cabeza al cuerpo, para que queden bien sujetas. ¿Te gusta el resultado?

# Cómo hacer la jirafa

## Necesitas

| Cabeza | Cuerpo | Cuello | Patas |
|---|---|---|---|

| Cara | Cuernos | Orejas | |
|---|---|---|---|

| Manchas | | Cola | |
|---|---|---|---|

### 1

**1.** Modela en forma de huevo la cabeza. Pellizca las bolitas de las orejas y de los cuernos y pégalas a la cabeza. Forma los ojitos como muestra la imagen y para realizar la naricita haz lo mismo que para los cuernos, pero con una bolita negra.

### 2

**2.** Realiza un cilindro grueso para el cuello y usa la bola grande para el cuerpo. Con la ayuda de palillos clava las tres piezas y alisa las juntas con los dedos. Haz muchas bolitas pequeñas negras para las motitas y aplástalas entre el índice y el pulgar antes de pegarlas.

### 3

**3.** Las patas están formadas por dos bloques casi cuadrados, algo más estrechos en la parte superior.

### 4

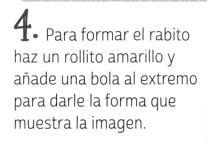

**4.** Para formar el rabito haz un rollito amarillo y añade una bola al extremo para darle la forma que muestra la imagen.

# León

¿**S**abías que el león es el «rey de la selva»? Si él ruge, todos los animales le obedecen... ¡Es el más respetado! Nuestro amigo de plastilina no es tan fiero, pero ¡sí muy divertido de hacer!

**Necesitas**

Cuerpo  Cabeza  Cara  Patas  Melena  Cola

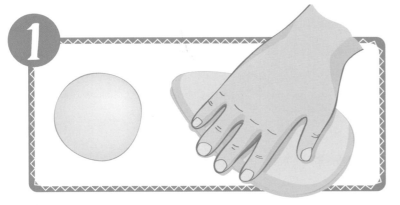

**1.** Haz un cilindro con la bola amarilla grande y aprieta más de un extremo que de otro, para formar un cono, que será el cuerpo. Haz varios rollitos finos con la bola roja y la blanca para crear la melena.

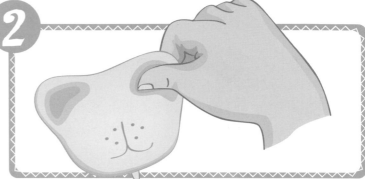

**2.** Forma la cabeza con la bola mediana amarilla y pellizca los dos laterales superiores para hacer las orejas. Después, realiza unas hendiduras y agujeritos con un palillo para crear la boquita.

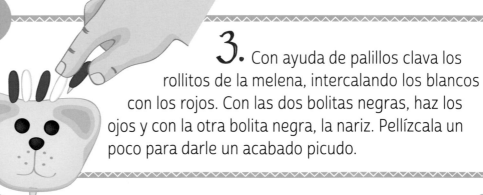

**3.** Con ayuda de palillos clava los rollitos de la melena, intercalando los blancos con los rojos. Con las dos bolitas negras, haz los ojos y con la otra bolita negra, la nariz. Pellízcala un poco para darle un acabado picudo.

**4.** Modela un rollito amarillo largo para hacer la cola, seis rollitos finos para la punta (tres rojos y tres blancos intercalados, como hemos hecho en la cabeza). Haz dos bolas para las patitas y realiza dos hendiduras en cada una, como se muestra en la imagen, para simular las pezuñas.

Cola

Patas

# Koala australiano

¡Qué graciosos son los koalas! ¡Parecen peluches! Estos animalitos, de aspecto dulce y tranquilo, viven en Australia, donde abundan los eucaliptos de los que se alimentan... ¡Vamos a modelar uno!

**1**

**1.** Aplasta un poco la bola de la cabeza y modela los elementos de la cara siguiendo la imagen. Colócalos todos en su sitio.

## Necesitas

Cabeza

Cuerpo

Patas

Brazos

Hojas

Orejas

Cara

Rama

**2**

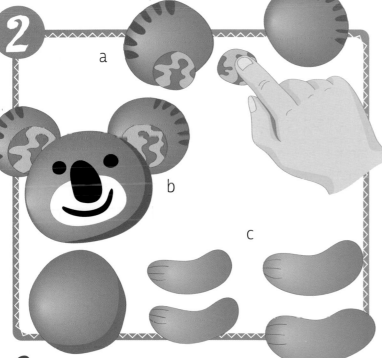

**2.** Aplasta las bolas grandes de las orejas hasta conseguir una forma más o menos circular y hazles cortes en los bordes para simular pelo. Mezcla la bola azul restante con la blanca y aplástalas un poco para hacer el interior de las orejas (a). Únelas a la cabeza con trocitos de palillo (b). Para terminar este paso, moldea la forma del cuerpo, de los brazos y de las patas como ves en la imagen (c).

**3**

**3.** Modela un rulito para la rama; haz la forma de las hojas y añádeles unos cortes con un cuchillo de plástico (a). Pégalas a la rama. Une la cabeza y las patas al cuerpo del koala (puedes ayudarte de palillos), y súbelo a la rama.

# Mamá canguro

Los canguros son unos animales realmente sorprendentes porque no corren, sino que se mueven saltando y además las mamá canguro tienen una curiosa bolsa que les sirve de «guardería»: las crías se resguardan en ella durante ocho meses. ¿Quieres modelar a este simpático animal australiano?

## Necesitas

Ojos
Cabeza    Bolsa

Cuerpo

Patas    Cola

Brazos

Orejas

Cabeza del bebé    Orejas del bebé    Cuerpo del bebé

Ojos del bebé

**1.** Da forma ovalada a la bola de la cabeza. Aplasta las bolitas de los ojos y pégaselas. Haz dos agujeritos en la nariz con un cuchillo de plástico como ves en la imagen. Haz cuatro triangulitos con las bolas de las orejas, pega los marrones sobre los naranjas y añádeselos a la cabeza.

**2.** Haz un óvalo alargado con la bola del cuerpo. Con la bola de la cola, modela un rulo haciendo más estrecho uno de los extremos. Une la cola al cuerpo utilizando un palillo.

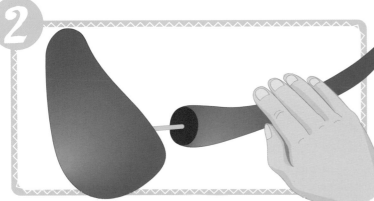

**3.** Haz la cabeza del bebé siguiendo los mismos pasos que la cabeza de la mamá, pero a un tamaño más pequeño. Haz un óvalo con la bola del cuerpo y únelo a la cabeza con un palillo.

**4.** Pega el bebé al cuerpo de la madre como ves en la imagen. Aplasta la bola de la bolsa hasta hacer una plancha de unos 5 mm; envuelve al bebé con ella y pégala al cuerpo de la mamá, suavizando las uniones con el dedo.

**5.** Haz cuatro rulos para las patas y los brazos, aplastándolos un poco por uno de los extremos. Con un cuchillo de plástico haz las rayas para simular los dedos.

**6.** Pega los brazos, las patas y la cabeza al cuerpo. Por último, disimula las juntas alisando la unión de las diferentes partes con el dedo.

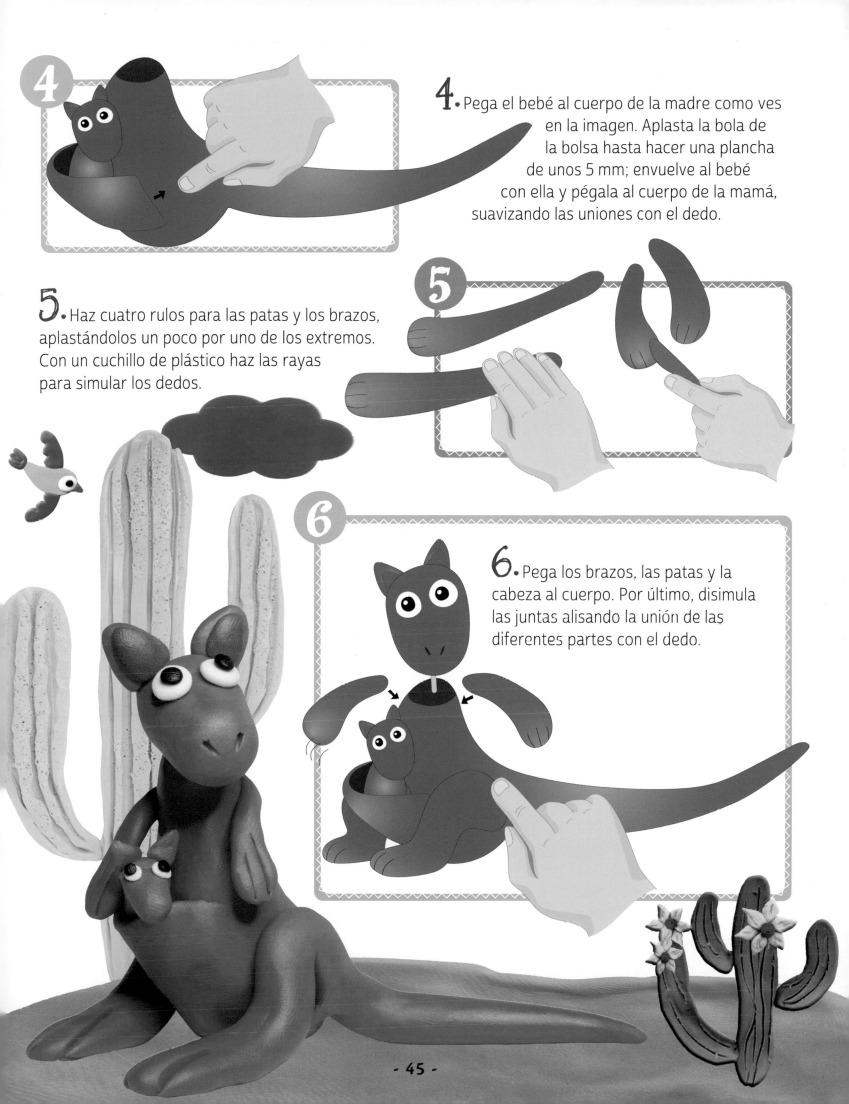

# Iguana

La iguana es uno de los reptiles más populares. El color de su cuerpo y su gran tamaño siempre llaman la atención, además de las espinas de su espalda, que utiliza para defenderse de sus enemigos. Vive en América Central y del Sur... y en tu casa, ¡si modelas una!

## Necesitas

Cabeza

Ojos

Lengua

Cuerpo

Cola

Patas

Escamas y uñas

Manchas

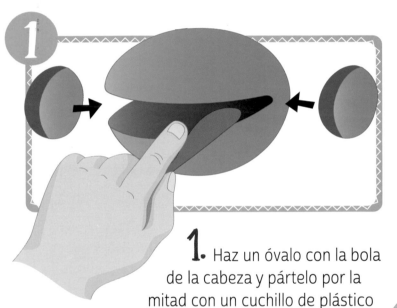

**1.** Haz un óvalo con la bola de la cabeza y pártelo por la mitad con un cuchillo de plástico para simular el hocico. Aplasta un poco las bolitas pequeñas para hacer las mejillas y pégalas a los lados de la boca.

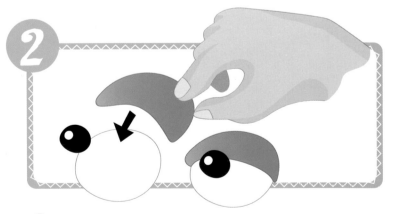

**2.** Monta los ojos cubriendo las bolas blancas con las bolas verdes aplastadas en forma de media luna. Pega encima las bolitas negras.

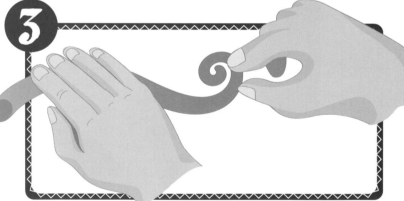

**3.** Haz un rulito con la bola de la lengua y enróllala sobre sí misma.

**4.** Pon los ojos en la cabeza y la lengua en la boca. Haz los orificios de la nariz con un cuchillo de plástico.

**5.** Con la bola del cuerpo haz un cilindro alargado, y con la de la cola, un rulo que tenga un extremo más fino. Une las dos piezas usando un palillo.

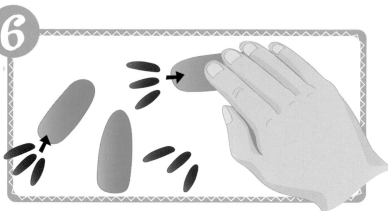

**6.** Haz cuatro rulos con las bolas de las patas. Modela doce rulitos con las bolitas marrones y pega tres en uno de los extremos de las patas para hacer las garras.

**7.** Une la cabeza y las patas al cuerpo.

**8.** Aplasta las bolitas de las manchas y pégalas por todo el cuerpo.

**9.** Para hacer las espinas, modela unos doce rulitos con uno de los extremos en punta. Colócalos en fila sobre la espalda.

# Flamenco

El flamenco es un ave inconfundible por sus plumas de color rosa, su pico curvo y sus largas patas. ¿Sabes que es capaz de soportar temperaturas de hasta 60 °C? ¡Un auténtica barbaridad!

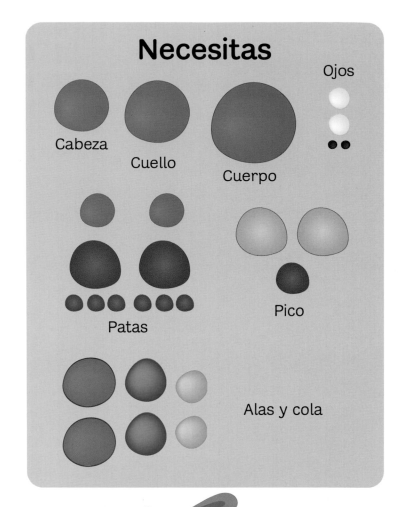

## Necesitas

Ojos

Cabeza

Cuello

Cuerpo

Patas

Pico

Alas y cola

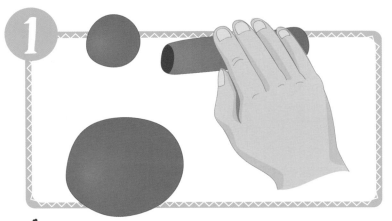

**1.** Da forma redonda a la bola de la cabeza, haz un rulo alargado con la bola del cuello y modela un huevo para formar el cuerpo.

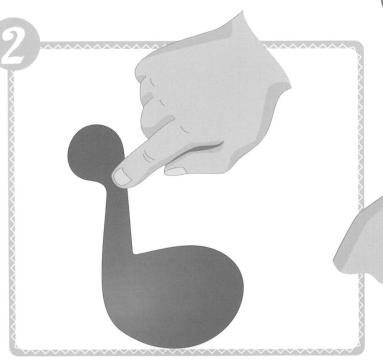

**2.** Une las tres piezas como ves en la imagen y alisa las uniones con los dedos para que no se noten.

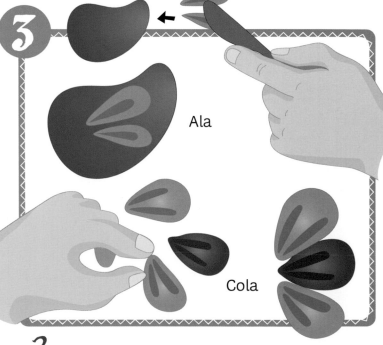

Ala

Cola

**3.** Fíjate en las imágenes para dar forma a las alas y a la cola. Utiliza un cuchillo de plástico para hacer las hendiduras. Puedes hacer otros diseños: fíjate en el flamenco pequeño de la página siguiente.

**4**

**5**

5. Haz rulitos finos con las bolas grandes de las patas. Puedes utilizar alambre fino para que las patas de tu flamenco se mantengan de pie. En uno de los extremos pega los deditos, y en el otro la bolita rosa.

4. Haz la forma del pico, y cubre la punta con la bolita marrón previamente aplanada. Aplasta las bolitas de los ojos, pegando las negras sobre las blancas. Pega los ojos y el pico en la cabeza.

6. Pega las alas y las patas al cuerpo. Puedes utilizar palillos para que se fijen mejor.

**6**

# ¡A merendar!

¿Cuál es tu merienda favorita? Seguro que la hamburguesa y el perrito caliente te encantan... Con las mismas bolitas podrás modelar los dos platos en unos sencillos pasos. Eso sí, no te los comas, ¡que son de plastilina!

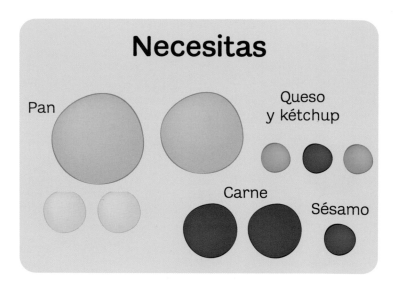

**Necesitas**

Pan

Queso y kétchup

Carne

Sésamo

## Cómo hacer la hamburguesa

**1.** Aplasta un poco la bola grande del pan para que la parte inferior quede más plana.

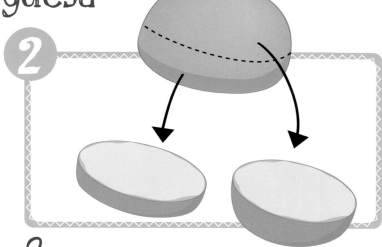

**2.** Corta la bola del pan por la mitad siguiendo la línea de puntos, como muestra la imagen. Cada parte será una de las dos mitades del pan. Después, utiliza dos bolitas de color amarillo claro para hacer dos planchas de 2 mm de grosor con la misma forma del panecillo. Pégalas por dentro a cada una de las mitades.

**3.** Para hacer la carne, utiliza la bola marrón. Aplástala con la palma de la mano y extiéndela un poco a lo largo y ancho, de manera que quede redonda. Con un palillo, hazle agujeritos para conseguir la textura de la carne.

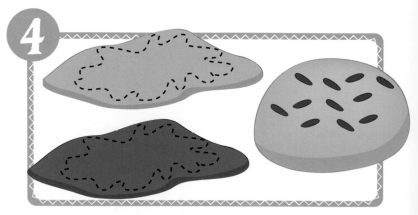

**4.** Para hacer el queso y el kétchup, realiza dos planchas de plastilina: una amarilla y una roja. Después corta la forma como muestra la imagen, haciendo curvas hacia fuera y hacia dentro para dar sensación de derretido. Desmenuza la bola de color rojo en pepitas de forma ovalada para el sésamo. Pégalas sobre el pan superior. Monta todo y... ¡ya está!

# Cómo hacer el perrito caliente

**1.** Forma un rulo con la bola restante de color marrón claro y aplástalo un poco sobre una superficie lisa para dar la forma del pan.

**2.** Corta el rulo por la mitad siguiendo la línea de puntos, como muestra la imagen. Cada parte será una de las dos mitades del pan. Igual que hemos hecho en la hamburguesa, forma dos planchas de color amarillo claro de unos 2 mm de grosor, para hacer los interiores del pan. Únelas a la cara superior de cada mitad.

**3.** Para hacer la salchicha, haz un rollito marrón y ruédalo en una superficie plana para conseguir la forma cilíndrica. Con un palillo realiza pequeñas líneas en el extremo del rollito, como muestra la imagen.

**4.** Igual que en la hamburguesa, modela una plancha de plastilina amarilla para hacer el queso. Corta la forma, como muestra la imagen, siguiendo la línea de puntos, para dar aspecto de derretido. Monta todas las partes del perrito caliente y... ¡listo!

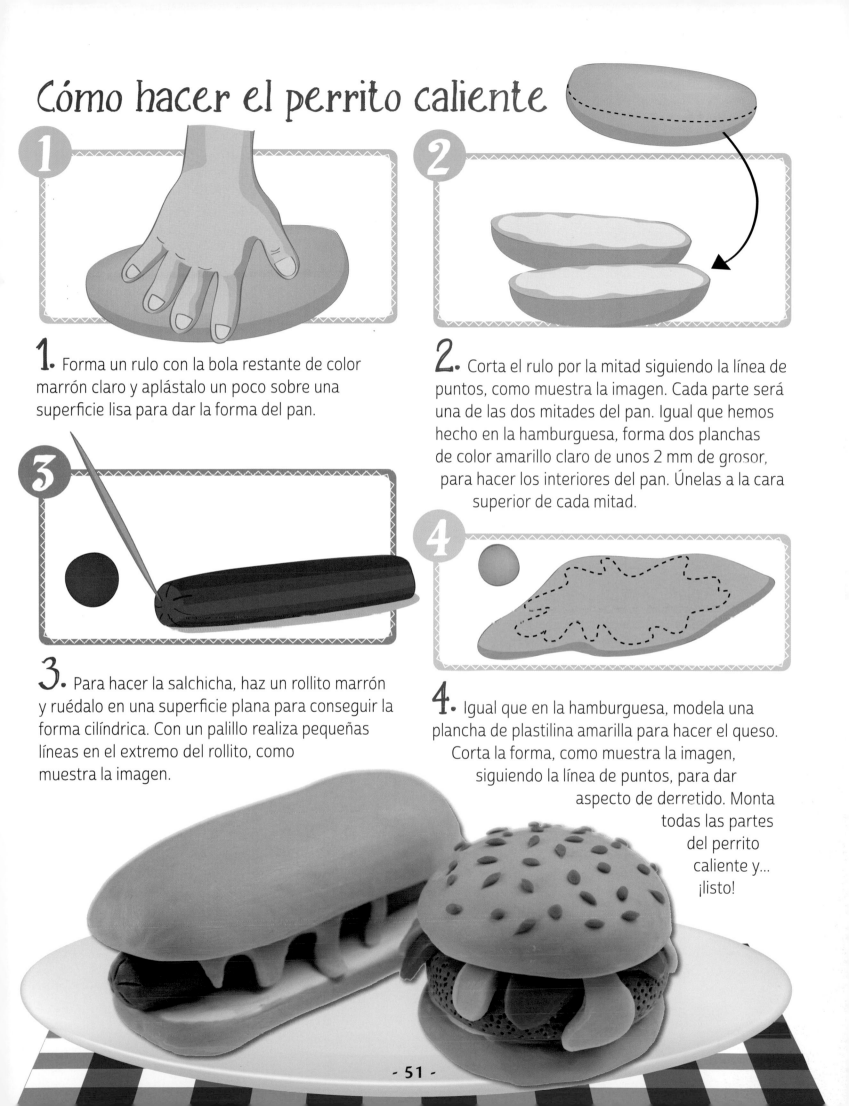

# Pizza pepperoni

**V**amos a modelar una sabrosa pizza pepperoni, pero recuerda: ¡no se puede comer, es de plastilina!

## Necesitas

Masa

Queso

Pepperoni

Pimiento

**1**

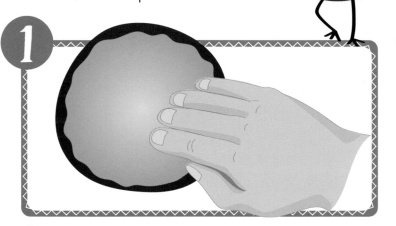

**1.** Aplasta la bola de la masa hasta obtener un círculo irregular de unos 5 mm de espesor para dar forma a la pizza. A continuación, haz lo mismo con la bola del queso, dejando los bordes irregulares, y pégala encima del círculo de la masa.

**2**

**2.** Aplasta las bolitas del pepperoni, haciendo círculos de diferentes tamaños, y distribúyelos por la pizza. Parte en trocitos las bolitas verdes y ponlas diseminadas por encima.

## MENÚ

### Pizza pepperoni

**3**

**3.** Pon la pizza terminada en un platito y corta trozos triangulares con ayuda de un cuchillo de plástico. ¡Que aproveche!

# Helado de tres sabores

**¿H**ay algo mejor que saborear un delicioso helado después de comer una pizza? Sí, ¡hacerlo! Sigue estos sencillos pasos y ¡disfruta haciendo esta figura tan dulce como refrescante!

## Necesitas

Bolas de helado

Cono

**1.** Realiza una planchita de plastilina de 1 cm de grosor con la bola marrón clarito. Recorta la forma marcada por la línea de puntos.

**2.** Con la ayuda de un palillo, realiza unos cortes diagonales para conseguir la textura del cucurucho.

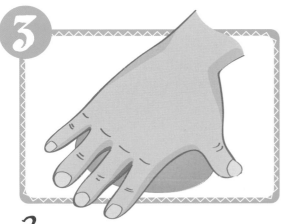

**3.** Aplasta las otras tres bolitas restantes con la palma de la mano, para quitarles un poco de volumen y que queden semiplanas.

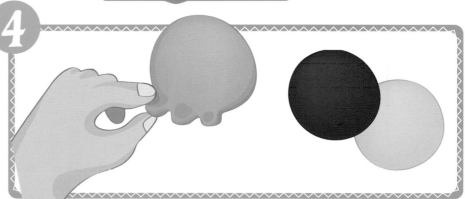

**4.** Pellizca los extremos de cada una de las bolitas con el dedo índice y el pulgar y después dales forma ondulada, como se muestra en la imagen. Finalmente, monta los tres sabores del helado, uno encima del otro, sobre el cono. ¡Listo!

# Tarta de chocolate

Otra apuesta segura para tener éxito con tu menú: una riquísima tarta de chocolate que hará las delicias de tus invitados. ¡Manos a la obra!

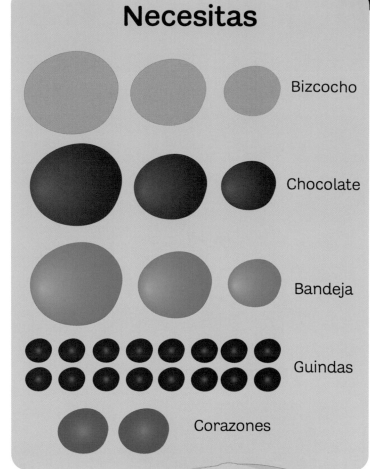

**1**

**1.** Aplasta las tres bolas del bizcocho hasta conseguir una forma de queso gordito, como puedes ver en la imagen. Cada porción de bizcocho debe ser un poco más pequeña que la anterior.

**2**

**2.** Ahora aplasta las tres bolas del chocolate y con un cuchillo de plástico corta los bordes haciendo curvas hacia fuera y hacia dentro para dar sensación de derretido.

**3**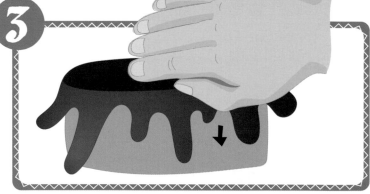

**3.** Pon la capa de chocolate encima del bizcocho como ves en la imagen, para que se vea derretido. Haz lo mismo con los otros dos bizcochos.

**4**

**4.** Haz dos corazones con las bolitas rosas y pínchalos en dos palillos.

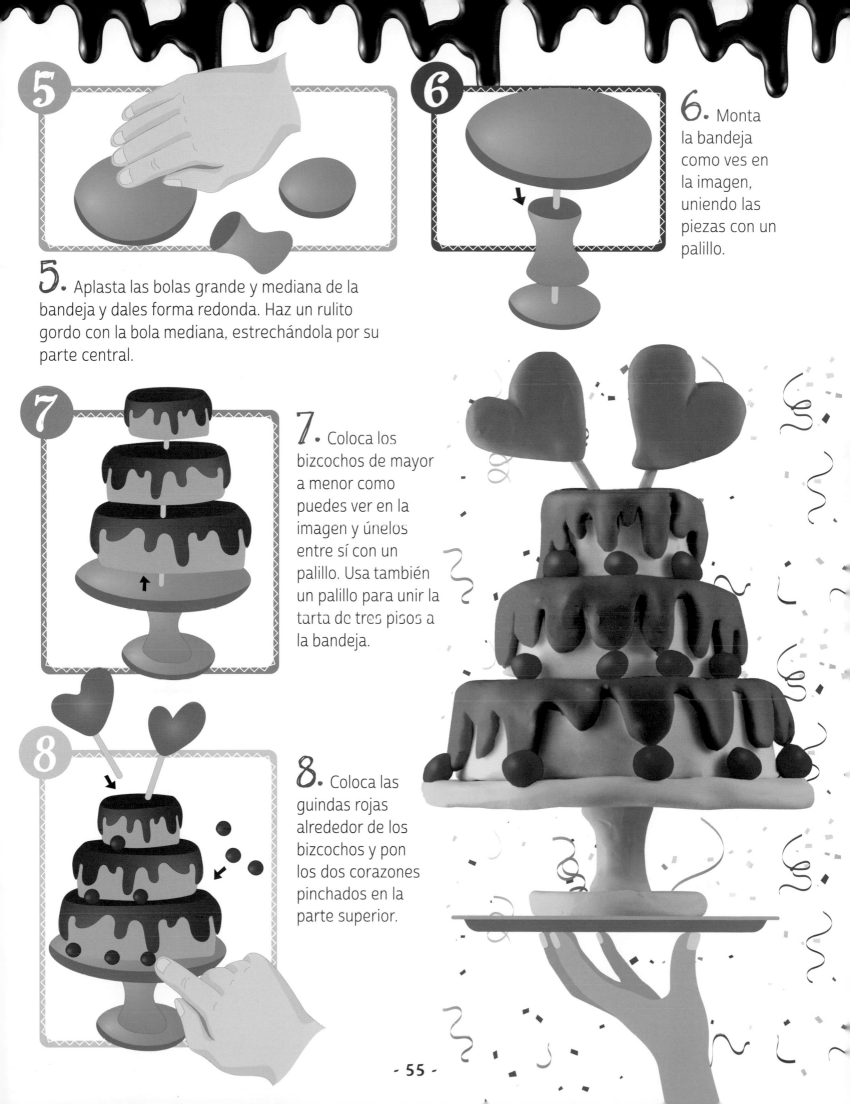

**5.** Aplasta las bolas grande y mediana de la bandeja y dales forma redonda. Haz un rulito gordo con la bola mediana, estrechándola por su parte central.

**6.** Monta la bandeja como ves en la imagen, uniendo las piezas con un palillo.

**7.** Coloca los bizcochos de mayor a menor como puedes ver en la imagen y únelos entre sí con un palillo. Usa también un palillo para unir la tarta de tres pisos a la bandeja.

**8.** Coloca las guindas rojas alrededor de los bizcochos y pon los dos corazones pinchados en la parte superior.

# Halloween

¿Te gusta la fiesta de Halloween? La diablesa y el fantasma son dos personajes que no pueden faltar en la decoración de tu habitación. Hazlos en plastilina y ¡sorprende a tus amigos!

## Cómo hacer la diablesa

**1**

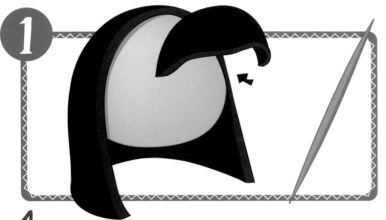

**1.** Coloca sobre la bola de la cabeza dos planchas de plastilina negra de unos 3 mm de grosor: el pelo y el flequillo. Después, alisa con los dedos la junta entre las dos planchas para que no se note. Con la punta de un palillo, haz unas líneas sobre el cabello.

**2**

**2.** Para hacer los cuernos realiza un rollito rojo y córtalo por la mitad, por la línea de puntos. Coloca sobre la carita dos bolitas negras para los ojos, y para la boca un rollito rojo curvado hacia arriba. Modela y pega a cada lado dos corazoncitos.

## Necesitas

Cabeza    Pelo

Cuernos    Cara

Brazos    Cuerpo

Falda    Manos

**3**

a

b

**3.** Haz un cilindro rojo grande para cada brazo y añádele al final una bolita de color carne (mano), clavándola con la ayuda de un palillo, para que se quede fija (a). Para hacer el cuerpo (b) forma un rollito muy grueso con la base plana y para la falda realiza una tira de plastilina de 5 mm de grosor, unas cinco veces más larga que ancha. Coloca la tira alrededor del rollito: pegada a él en la parte superior y separada en la inferior, para hacer los pliegues del vuelo. Después, alisa las dos partes para que no se note la unión.

# Cómo hacer el fantasma

## Necesitas

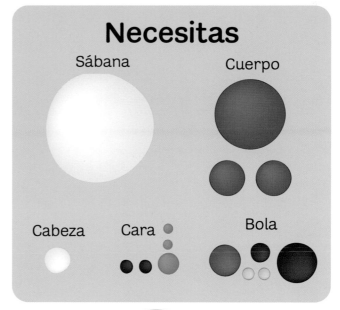

Sábana · Cuerpo · Cabeza · Cara · Bola

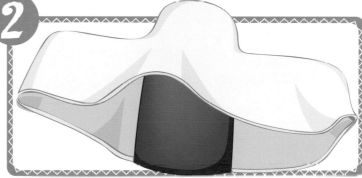

**1.** Aplasta la parte inferior de la bola del cuerpo contra una superficie lisa, para que se mantenga de pie con estabilidad. Después, haz dos cilindros para los brazos y pégalos al cuerpo como muestra la imagen.

**2.** Haz una plancha grande de plastilina blanca, de unos 5 mm de grosor, y extiéndela sobre el cuerpo, como si fuese una sábana.

**3.** Para darle forma a la cabeza usa la bolita blanca y sácale punta hacia arriba como muestra la imagen. Coloca esta pieza encima de la cabeza y alisa la junta con el dedo, para que no se note la unión. Después modela las bolitas necesarias para formar la boca, los ojos y los corazones.

**4.** Para hacer la bola que arrastra, forma una pelotita grande negra y un rollito grueso negro. Une el rollito a la bola. Después, realiza un rollito rojo fino y enrolla sobre él dos rectángulos amarillos. Por último, une el rollito rojo con la bola y esta al cuerpo del fantasma, por debajo de la sábana.

# Monstruos famosos

Drácula y Frankenstein son dos de los monstruos más conocidos por sus afilados colmillos uno, y por sus cicatrices otro, pero... no temas, son más divertidos de lo que parecen, ¡compruébalo!

## Cómo hacer a Drácula

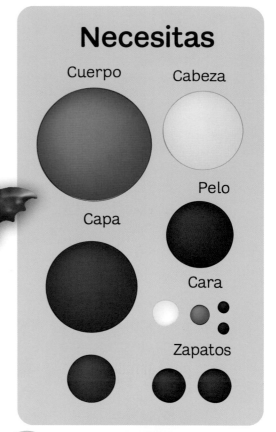

**1.** Forma un cilindro rojo para la base del cuerpo y dos planchas de plastilina negra de 3 mm de grosor para la capa. Recorta las formas marcadas por las líneas de puntos. El trapecio se utilizará para hacer la capa y el semicírculo para el cuello.

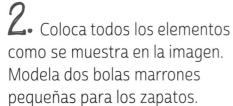

**2.** Coloca todos los elementos como se muestra en la imagen. Modela dos bolas marrones pequeñas para los zapatos.

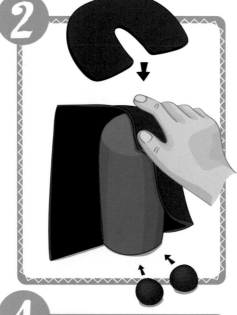

**3.** Corta en forma circular una plancha de plastilina marrón de 5 mm de grosor y acóplala sobre la bola de la cabeza para hacer el pelo. Después, corta por la línea de puntos para crear el peinado.

**4.** Haz rayitas con un palillo para darle forma al cabello. Después, coloca dos bolitas negras para los ojos y un rollito rojo curvado para la boca. Para hacer los colmillos extiende una plancha pequeña de plastilina blanca y recorta dos conos, como muestra la imagen. Por último, junta las piezas.

# Y ahora... Frankenstein

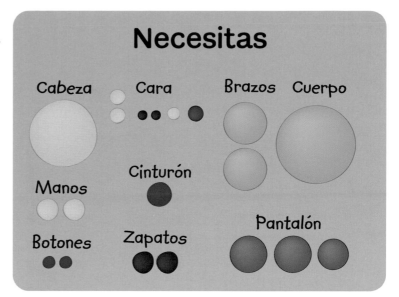

## Necesitas

| | | | |
|---|---|---|---|
| Cabeza | Cara | Brazos | Cuerpo |
| Manos | Cinturón | | |
| Botones | Zapatos | Pantalón | |

**1**

**1.** Modela la bola de la cabeza con forma de huevo. Para las orejas, forma dos bolas, aplástalas un poco y con un palillo haz marcas en forma de espiral. Después, realiza los ojos, la nariz y la boca y, con ayuda de un palillo, marca unas hendiduras en la cara para simular las cicatrices.

**2**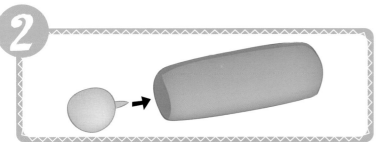

**2.** Para los brazos crea dos cilindros verdes y clávales una bola color carne, la mano, en el extremo, sujetándola con un palillo. Para el tronco, forma una bola y córtale los laterales. Después, aplástala un poco.

**3**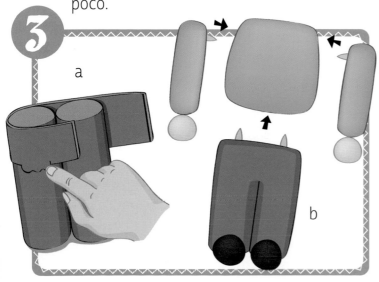

a

b

**4.** Forma el cinturón con una tira morada de unos 3 mm de grosor, que rodee la cintura. Para los botones, modela dos bolas y aplástalas. Después, haz los agujeros del botón con un palillo y el resultado es ¡como el auténtico Frankenstein!

**buuuu**

**3.** Para los pantalones (a), realiza dos cilindros grises y una tira del mismo color de unos 2 o 3 mm de grosor. Con ella rodea los dos cilindros por la parte superior. Después, alisa la zona con el dedo, para que no se note la unión. Haz los zapatos con dos bolas marrones y pégalas a los pantalones. Une todas las piezas con palillos, como se muestra en la imagen (b).

# Muñeco de nieve

Cuando nieva puedes jugar a hacer bolas, lanzarte con el trineo o ¡hacer un muñeco de nieve! Personalízalo con un sombrero, una bufanda... o ¡cualquier complemento que se te ocurra!

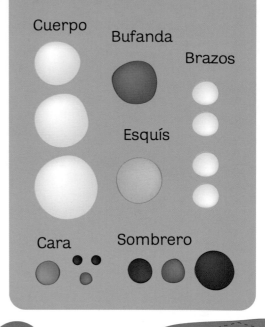

## Necesitas

Cuerpo
Bufanda
Brazos
Esquís
Cara
Sombrero

**1**

**2**

**1.** Para hacer el cuerpo, utiliza las tres bolas blancas y ordénalas de mayor a menor. En la cabeza, sitúa los ojitos, la nariz y la boquita, como vemos en la imagen.

**2.** Modela dos rollitos blancos y dóblalos un poco por la mitad para hacer los brazos. Añade un cilindro pequeño aplastado y únelo con el rollito alisando la junta con el dedo para que no se note. ¡Ya tienes los brazos y las manoplas!

**3**

**3.** Para la bufanda, realiza una plancha roja de unos 3 mm de grosor y corta un rectángulo muy alargado. En los extremos realiza varios cortes alargados para formar los flecos.

**4**

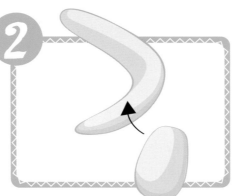

**4.** Para los esquís, haz una plancha de plastilina rosa de unos 5 mm de grosor y corta dos rectángulos acabados en pico. Después, gira hacia arriba la punta para darle forma de esquí.

**5**

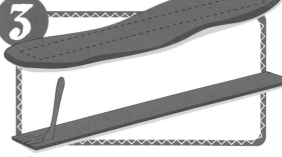

**5.** Para el sombrero, haz un cilindro ancho con la bola marrón grande y corta los extremos para que queden lisos. Con la otra bola, modela el ala del sombrero. Une ambas piezas y rodéalas con una tira roja fina.

# Robot

Con este simpático robot vivirás aventuras sin fin recorriendo el espacio estelar...

## Necesitas

Cabeza

Orejas

Boca

Antena

Ojos

Cuerpo

Panel

Brazos

Pies

**1.** Aplasta por un lado la bola de la cabeza. Pega las bolitas de los ojos y añade un rectángulo con las esquinas redondeadas para la boca. Haz un cono pequeño para la antena, y pégale una bolita en la parte superior. Aplasta las bolitas de las orejas hasta darles forma de queso y pégalas a los lados de la cabeza.

**2.** Modela un cilindro grueso para el cuerpo. Aplasta una bola verde en forma de rectángulo y dos rojas en forma de círculo, y pégalas en el cuerpo como ves en la imagen.

**3.** Haz unos rulos gruesos para los brazos. Con dos bolitas pequeñas, haz dos semicírculos y pégaselas en uno de los extremos. Modela dos discos planos para los pies. Pega todos los elementos al cuerpo, ayudándote con unos palillos.

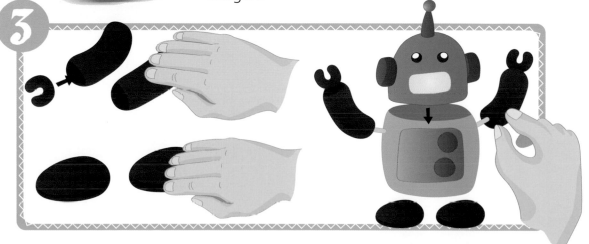

# Cohete

Con este cohete podrás explorar la galaxia... ¡y todo el universo!

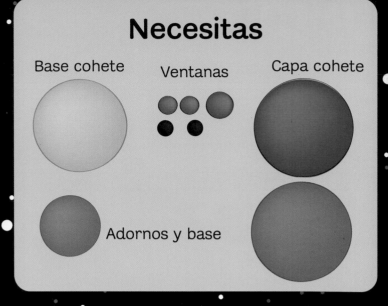

## Necesitas

Base cohete

Ventanas

Capa cohete

Adornos y base

**1**

**1.** Haz un rollito y aprieta ambos extremos para conseguir la forma de la imagen. Este rollito puede ser de cualquier color, ya que será la base del cohete y no se verá.

**2**

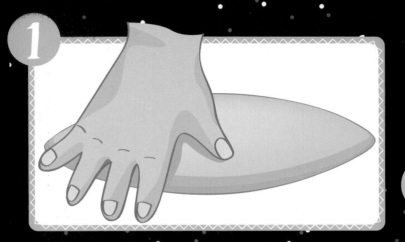

**2.** Realiza dos planchas gruesas con las bolas para hacer la capa que recubre la base. Corta las piezas marcadas en cada una de ellas por las líneas de puntos para las aletas inferiores y la punta superior.

**3**

**3.** Cubre el rollito base con la pieza que hemos sacado de la plancha marrón y con el triángulo grande de la plancha roja. Hazlo como se muestra en la imagen.

**4.** Pega las otras cuatro piezas que salen de la plancha roja en la base del cohete, como los alerones. Haz tres bolitas rojas, una más grande que las otras dos, y aplástalas con ayuda del pulgar. Serán las ventanas del cohete. Haz dos bolitas negras e introdúcelas en el hueco que queda en las ventanitas, como muestra la imagen.

**5.** Forma varias bolitas muy pequeñas de plastilina marrón (unas 60) para adornar. Aplástalas y haz una pequeña hendidura en el centro con la parte de abajo de un pincel. Pega las bolitas en la superficie del cohete y con lo que te sobre modela la pieza que remata el cohete.

SUGERENCIA: Intenta modelar tú solo los planetas, la Luna, el astronauta, el cometa, la Tierra, etc., siguiendo tus propios pasos.

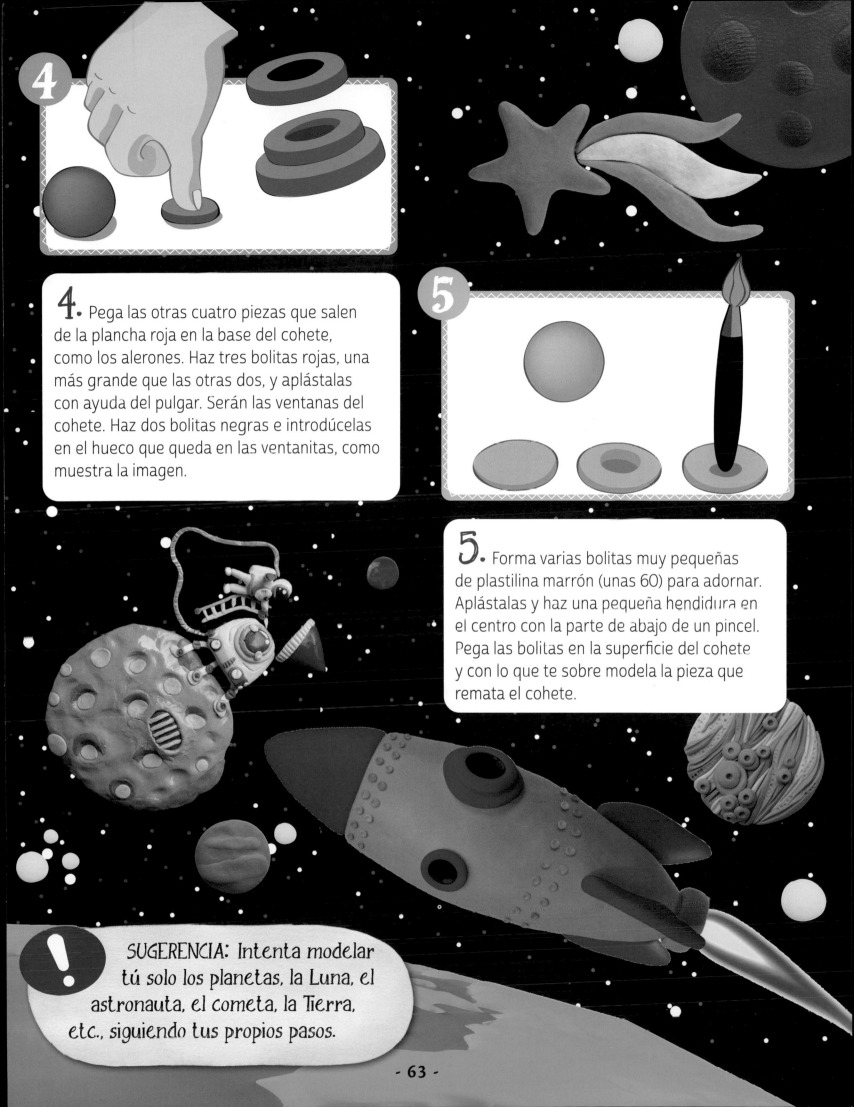

# Extraterrestre

Quizá en tus aventuras interestelares con tu cohete puedas encontrar divertidos extraterrestres, como este. Aprende a modelarlo en plastilina.

**1.**

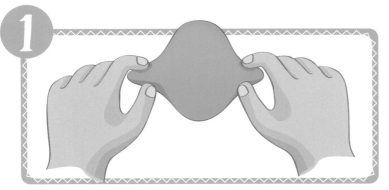

**1.** Modela la bola de la cabeza como se muestra en la imagen, y pellizca los laterales.

**2.**

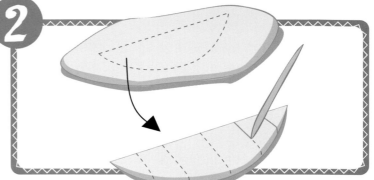

**2.** Para hacer los dientes realiza una plancha blanca de unos 3 mm de grosor. Corta la zona señalada por la línea de puntos. Después, marca unas pequeñas hendiduras con el palillo para diferenciar cada diente.

**3.**

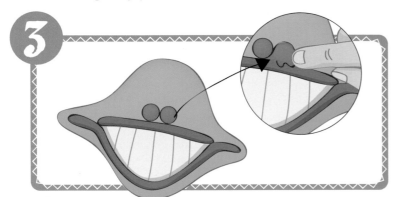

**3.** Coloca los dientes sobre la cabeza y forma dos rollitos rojos, uno el doble de grande que el otro. Pon el rollito más corto sobre los dientes y rodea la parte de debajo de los dientes con el rollito más largo. Después sitúa dos bolitas rojas sobre el rollito más corto y únelo con los dedos alisándolo, para formar los labios.

**4.**

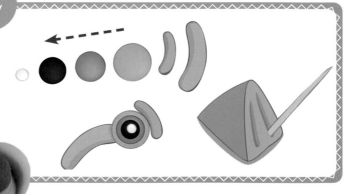

**4.** Modela las seis piezas que muestra la imagen. Curva el rollito rosa para hacer la base de los ojos y coloca el resto en el orden que aparece arriba. Realiza una bola verde con forma piramidal y con ayuda de un palillo haz dos cortes, que serán los orificios de la nariz. Después, pon la nariz encima de la boca y ¡ya tenemos la cabeza del extraterrestre! Usa tu imaginación para hacer el cuerpo.